1789

PEDRO DORIA

A história de Tiradentes e dos
contrabandistas, assassinos e poetas que
lutaram pela independência do Brasil

Harper
Collins

DIRETORA EDITORIAL: Raquel Cozer
COORDENADORA EDITORIAL: Malu Poleti
EDITORA: DIANA SZYLIT
CAPA: Sergio Campante
REVISÃO: Tania Lopes
PESQUISA ICONOGRÁFICA: Letícia Pimenta
DIAGRAMAÇÃO E PROJETO GRÁFICO: Desenho Editorial

Os pontos de vista desta obra são de responsabilidade de seus
autores, não refletindo necessariamente a posição da
HarperCollins Brasil, da HarperCollins Publishers ou de sua
equipe editorial.

CIP-BRASIL. CATALOGAÇÃO NA PUBLICAÇÃO
SINDICATO NACIONAL DOS EDITORES DE LIVROS, RJ

D752m

Doria, Pedro

1789 : a história de Tiradentes e dos contrabandistas, assassinos e poetas que
lutaram pela independência do Brasil / Pedro Doria - 2. ed. - Rio de Janeiro :
Harper Collins, 2017.

: il.

ISBN 9788595062267

1. Brasil - História - Conjuração mineira, 1789. I. Título. II. Título: mil
setecentos e oitenta e nove: a história de Tiradentes e dos contrabandistas,
assassinos e poetas que lutaram pela independência do Brasil.

17-45713   CDD: 981.03

                CDU: 94(81).03

HarperCollins Brasil é uma marca licenciada à Casa dos Livros
Editora LTDA.
Todos os direitos reservados à Casa dos Livros Editora LTDA.
Rua da Quitanda, 86, sala 601A — Centro
Rio de Janeiro, RJ — CEP 20091-005
Tel.: (21) 3175-1030
www.harpercollins.com.br

QUIS ESCREVER "AMOR"
NO TRONCO DE UM VELHO FREIXO.
"MARINA", ESCREVI.

(PARAFRASEANDO MANUEL BANDEIRA)

A INCONFIDÊNCIA DE ONTEM, E A DE HOJE

Não estudamos história de olho apenas no passado. Nunca. Consciente ou inconscientemente, estamos sempre em busca de compreender o que aquilo que aconteceu diz a respeito de hoje. Quando a primeira edição deste *1789* saiu, em 2013, ainda não haviam explodido as grandes manifestações que tomaram conta do Brasil em junho daquele ano. Não se falava em Lava Jato. Nem a Copa, nem as Olimpíadas tinham ocorrido. Ou o impeachment de Dilma Rousseff. Mas delação já era uma palavra importante no vocabulário da história brasileira. O grande delator: Silvério dos Reis. O Judas pátrio, o homem que entregou os inconfidentes. Pois quase 225 anos após Silvério, delatores voltaram ao protagonismo de outra forma. E a Inconfidência segue falando muito a respeito do Brasil.

A história dos inconfidentes de Vila Rica, contada nas próximas páginas, é a de uma aventura. É a do sonho de um grupo de loucos, uma conspiração perigosa que custou a todos os envolvidos um pedaço de suas vidas. A um, a própria vida. Para nós, tanto depois, é um eterno imaginar do que poderia ter sido. Mas é, também, uma revelação da origem de tantos dos vícios que ainda assolam o Brasil.

Minas Gerais foi, por um período de 50 a 100 anos, o lugar mais rico de todas as Américas. Muito mais do que qualquer província espanhola, do que as colônias francesas ou, mesmo, de algum daqueles 13 estados de língua inglesa recém-declarados independentes que neste mesmo ano de 1789 o general George Washington, eleito por uma inédita democracia, passou a presidir.

O que tentei fazer, mais do que apenas narrar os acontecimentos daquela turbulenta década de 1780, foi mergulhar no mundo das Minas setecentistas. Entrar nas casas, deixar que o leitor entreouvisse conversas, passear pelas ruas de pés-de-moleque ou cavalgar pelas estradas da Zona da Mata ao Grande Sertão. Tudo seguindo rigorosamente o que foi registrado em documentos. Não há uma vírgula de ficção, mas sim o esforço de construir uma narrativa agradável, envolvente. É que sentindo os perigos, ouvindo os diálogos ou mesmo observando os amores, os dramas, o ter filhos, a gente sente mais um lugar e seu tempo. E consegue entender o sonho que passou pela cabeça daquele grupo de homens.

O fisiologismo está por toda parte. Como o patrimonialismo. Assim como hoje. Ter algum tipo de poder ligado ao Estado era sinônimo de fazer com que a máquina funcionasse a seu bel dispor. Por muito tempo, esta marca que jamais desapareceu, esteve inerte. No Brasil da segunda década do século XXI, um grupo de procuradores, policiais federais e juízes a expôs novamente. Homens públicos que usam o poder e os recursos do Estado para se manter no topo, para se livrar de adversários, para premiar quem está ao seu lado.

Neste sentido, mesmo com estes 225 anos que os separam, os dois Brasis são iguais e não o disfarçam.

A corrupção é que é diferente. Porque os mundos eram em todo distintos. Naquele tempo, o Rio de Janeiro, ou São Paulo, Pernambuco ou Minas, todos eram províncias de Portugal assim como o Minho, Trás-os--Montes ou o Alentejo. Todos que lá nasciam, cidadãos portugueses. Um português paulista, o outro alentejano, e sobre eles igualmente a rainha dona Maria. A louca. Ela era o Estado. Não havia propriamente um governo, mas sim uma estrutura de financiamento da Coroa. Sua fortuna pessoal, a dos Bragança, era o dinheiro de Portugal. O dinheiro escavado de Minas. Estava à sua disposição e gastava-o como bem entendia.

Já existia, sim, alguma compreensão de que era necessário gastar para que Portugal funcionasse. E como quase todo dinheiro vinha na forma de ouro das Minas Gerais, um arremedo de Estado era necessário. Ainda assim, quase todos os impostos iam para a Coroa. Literalmente. Para que sua majestade decidisse o que fazer. O Estado não era formado pelo povo. O Estado era a rainha e, o povo, súdito. Obediente.

Desta forma, corrupção era diferente. Não era um roubar do povo — mas sim da rainha. E, pagando mal seus funcionários, sem muitas condições de controle dos fluxos de capital, o governo português já pressupunha que haveria desvios. Fazia parte do jogo. Parte do pacote de benefícios. Corrupção estava no salário.

É só que, naquele tempo, esse jeito de pensar o Estado já começava a ficar velho. Velho e conservador, uma excelente descrição de Portugal. Os espanhóis criaram universidades na América no século XVI. Os ingleses, no XVII. Os portugueses não queriam nem saber da ideia. Colonos, quanto mais ignorantes, melhor.

Só que ideias, principalmente as radicais, encontram seus modos de fluir. Inevitável: mexem com a imaginação. E uma ideia assim tão forte quanto essa de um povo ser capaz de gerir a si próprio, a de formar governo, a de que lhe possa ser garantido o direito de resistir a qualquer tirania... Eram poderosas as ideias liberais. Como um rio ácido, fluíam entre Américas e Europa rompendo barreiras, cavando marcas fundas, se firmando.

Em só três países mexeram tanto com a imaginação a ponto de fazer com que homens de fato se reunissem em lugares escuros para debatê-las, se sentissem compelidos à ação até chegar ao ponto de decidir fazer algo. Nos EUA. Na França. No Brasil.

Se lá terminou em revolução, aqui findou numa forca erguida em local incerto, próximo de onde está hoje a região de comércio popular do Saara, no centro do Rio de Janeiro.

Demoraria ainda muito para nos tornarmos uma República democrática. E porque nossa independência acabou por ocorrer trinta anos depois pelas mãos de um Bragança, os vícios do patrimonialismo e do fisiologismo não tiveram chance da ruptura brusca. Quem antes tinha poder, com poder continuou. Assim também foi com a República. São tantas as famílias, tradicionais, de norte a sul do Brasil, inclusive mineiras, que já mandavam nos tempos dos inconfidentes e continuaram a mandar depois, e depois, e ainda mandam. Continuam nos Palácios, nas Assembleias, na Câmara. No Senado.

É o mesmo país, a seu modo. Porém é outro.

Fisiológico e patrimonialista, sim. Mas ninguém acha mais natural como naquele tempo. O uso pessoal do poder nos ofende a todos. A corrupção, agora, não é dinheiro que se tira do soberano, pois os impostos têm destino claro: o benefício da sociedade. Nós pagamos em nosso benefício. As ideias promovidas em finais do século XVIII não são mais vistas como radicais. Se os inconfidentes foram os primeiros a abraçá-las no Brasil, hoje as consideramos uma filosofia essencial. Não é mais possível abrir mão de liberdade — embora, para nós, ela tenha mesmo vindo tardia.

E é talvez nisso que esteja a maior diferença.

Porque o delator do século XVIII, ao comunicar crimes ao Estado, na verdade entregava quem lutava por alguma forma de liberdade ao tirano. Ao comunicar crimes ao Estado hoje, o delator os revela à sociedade. Se um dia a vítima do delator foi o povo, hoje o povo é vítima dos crimes delatados.

Ainda que tardia, pois é. As coisas demoram no Brasil. Sempre demoraram tanto. Mas avançam. A seu jeito, os inconfidentes já sabiam disso.

Gávea, novembro de 2017.

PERSONAGENS IMPORTANTES

Na comarca de Vila Rica

Joaquim José da Silva Xavier (1746-1792), alferes no Regimento Regular de Cavalaria de Minas. Conhecido pelo apelido de Tiradentes.

Tomás Antônio Gonzaga (1744-1810), ouvidor-geral de Vila Rica, provedor do juízo de defuntos, ausentes, capelas e resíduos. O segundo cargo mais importante no comando da capitania.

Maria Joaquina Anselma de Figueiredo, amante de Gonzaga. Também chamada de Marília loura.

Maria Doroteia Joaquina de Seixas (1767-1853), noiva de Gonzaga. Conhecida como Marília morena.

Cláudio Manuel da Costa (1729-1789), advogado e poeta.

Francisca Arcângela de Sousa, mulher de Cláudio Manuel da Costa.

José Álvares Maciel, o pai, capitão-mor de Vila Rica. Equivalente a chefe de polícia.

José Álvares Maciel (1760-1804), o filho, engenheiro químico e maçom.

Francisco de Paula Freire de Andrade (1752-1808), tenente-coronel do Regimento Regular de Cavalaria de Minas. Principal comandante militar da capitania. Casado com a irmã de José Álvares Maciel, o filho.

João Rodrigues (ou Roiz em alguns documentos) **de Macedo** (~1745-1807), contratador, um dos dois homens mais
ricos da capitania.

Domingos de Abreu Vieira (1724-1792), contratador.

Joaquim Silvério dos Reis Montenegro Leiria Grutes (1756-
1819), contratador, o primeiro delator da Inconfidência.

Luís Vieira da Silva (1735-1809), cônego de Mariana.

Antônio José Dias Coelho (-1828), capitão-mor de Cachoeira do Campo. Pai de um dos filhos de Maria Policena, irmã de Bárbara Eliodora.

D. Rodrigo José de Meneses e Castro (1750-1807), governou Minas Gerais entre 1780 e 1783.

D. Luís da Cunha Pacheco e Meneses (1743-1819), governou Minas Gerais entre 1783 e 1788. Nas *Cartas chilenas* é
chamado Fanfarrão Minésio.

Visconde de Barbacena (1754-1830), d. Luís Antônio Furtado de Castro do Rio de Mendonça e Faro, governou
Minas Gerais entre 1788 e 1797.

Na comarca de Rio das Mortes

Inácio José de Alvarenga Peixoto (1742-1792), juiz, fazendeiro, coronel de auxiliares e poeta.

Bárbara Eliodora Guilhermina da Silveira (1758-1819), mulher de Alvarenga Peixoto.

Carlos Correia de Toledo e Melo (1731-1803), vigário de São José del-Rei, atual Tiradentes.

Luís Vaz de Toledo Piza (1739-1807), sargento-mor de auxiliares, irmão do padre Toledo.

José Aires Gomes (1734-1794), fazendeiro, sócio de João Rodrigues de Macedo. Eram os dois homens mais ricos de Minas Gerais.

Francisco Antônio de Oliveira Lopes (1750-1794), fazendeiro e coronel de auxiliares.

Domingos Vidal Barbosa Lage (1761-1793), médico, foi um dos dois estudantes que se encontraram com Thomas Jefferson na França. Primo de Francisco Antônio de Oliveira Lopes.

Na comarca de Serro do Frio

José da Silva e Oliveira Rolim (1747-1835), padre, casado com uma das filhas de Chica da Silva. Contrabandista e muito rico.

Fora do Brasil

José Joaquim da Maia (1751-1788), médico que organizou o encontro com Thomas Jefferson.

Domenico Vandelli (1735-1816), químico e professor da Universidade de Coimbra. Inspirou muitos dos seus alunos.

UM HOMEM CHAMADO LIBERDADE

A casa foi cercada por soldados. Dessa vez, não eram brasileiros. O vice-rei não correria o risco de enviar gente da terra, possíveis simpatizantes. Já havia perdido o rasto do homem uma vez, não o perderia esta segunda. Eram portugueses do Estremoz, uma cidadezinha do Alentejo, quase fronteira da Espanha. Dez de maio, 1789. A porta do pequeno sobrado que cercavam, um prediozinho típico do Rio de então, não estava trancada, e seu dono, o velho ourives Domingos Fernandes da Cruz, havia saído. Mas lá em cima, para além do segundo andar, dentro da água-furtada que se fazia de sótão,[1] o alferes Joaquim José da Silva Xavier se escondia atrás das cortinas da cama, preparado para resistir. Durante os longos minutos em que calculava o que fazer, deve ter imaginado como tudo quase dera certo. "Ah,

---

[1]   SOUZA E SILVA, Joaquim Norberto de. *História da conjuração mineira.*

se eu me apanhasse em Minas",[1] comentou com um amigo dias antes. Quase conseguiu fugir. Por tão pouco. Será que a revolução ainda tinha chance? Às mãos, segurava forte um bacamarte; bem próximo, tinha duas pistolas; seus ouvidos atentos ao ranger das escadas. A curta distância, aquela espingarda de cano curto, boca em forma de trombeta, faria um estrago. Espalhava tantas balas de chumbo num só tiro que feria pesado um bom número no apertar do gatilho.

E Tiradentes a tinha carregada.

Aos 42 anos, Tiradentes era um homem alto e já ficava grisalho. Carregava, segundo alguns historiadores, uma tênue cicatriz no rosto. À moda dos oficiais militares, mantinha um bigode bem-aparado que descia até os cantos dos lábios.[2] Cuidava dessa aparência. Mesmo anos depois, quando já haviam confiscado quase todos os seus bens e estava a caminho da forca, ainda lhe restavam na cela os inseparáveis ferrinhos de tirar dentes, um espelho e não uma, mas duas navalhas. Seus últimos pertences. Provavelmente não se reconheceria no rosto barbado pelo qual a história oficial convencionou representá-lo.

Não era um homem pobre. Além de sua casa e da sociedade numa farmácia, ambas em Vila Rica, era dono de

---

[1] *Autos de devassa da Inconfidência Mineira*, vol 1.

[2] JARDIM, Márcio. *A Inconfidência Mineira: uma análise factual.*

uma pequena fazenda com 50 quilômetros quadrados na fronteira do Rio de Janeiro com Minas Gerais. Tinha cinco escravos, um deles criança. Gado.[1] Não foi muito longe na escola, mas escrevia fluentemente e encarava, embora com dificuldades, livros em francês. Era um homem curioso, capaz de discutir longamente a filosofia política dos movimentos liberais nascentes, a formação de Estados e a justiça das leis. Sem qualquer diploma, tornara-se um engenheiro civil competente na vida prática. Era referência por sua capacidade de "pôr e tirar dentes"[2] e conhecia inúmeras plantas medicinais. Não tinha a sofisticação de alguns de seus contemporâneos que passaram pelas melhores universidades europeias, mas de simples sua família tinha pouco. O pai, fazendeiro, ocupara cargos na alta burocracia de São José del-Rei, atual Tiradentes. Tinha dois irmãos padres, indício de educação formal superior. Seu primo-irmão, o frei José Mariano Velloso, foi o primeiro grande botânico brasileiro, cujos estudos serviram de base para a criação do Jardim Botânico do Rio de Janeiro.

Embora conhecido mais por Tiradentes do que qualquer outra coisa, na vida, o alferes Joaquim José da Silva Xavier ganhou inúmeros apelidos, como "o República" ou "o Liberdade".[3] Não à toa: era um entusiasta. Falava sobre os planos de sedição com quem pudesse em estradas, estalagens,

---

[1] *Autos de devassa da Inconfidência Mineira*, vol 6.

[2] JOSÉ, Oliam. *Tiradentes*.

[3] JOSÉ, Oliam. Op. cit.

tabernas e com os companheiros de quartel. Até prometia cargos futuros. Fez isso após uma boa noite com as Pilatas, duas irmãs morenas de 20 e 21 anos, e sua mãe quarentona, uma mulata clara que vivia de costurar e de vender a bom preço os favores sexuais das filhas. Pilatas, ora, porque pilata é a pia de água benta na qual todos passam a mão.[1]

"Rústico e atroado, falava muito depressa",[2] descreveu um colega de tropa. "Feio", de "olhar espantado", segundo o poeta José Inácio de Alvarenga Peixoto. Homem de "pouca capacidade", "maníaco", "louco", contaram outros. "Anda feito corta-vento", afirmou outro poeta, Cláudio Manuel da Costa, sugerindo um perfil inconsequente para Silva Xavier. Em todos os depoimentos do processo que buscou apurar a conspiração dos mineiros, quem pôde tentou se afastar do menos discreto de todos os réus.

Talvez fosse feio. Por falar com tantos sobre quantos detalhes pôde, devia ser mesmo do tipo que faz discursos e é tomado pelo ânimo das próprias palavras. Mas nem nas muitas cartas que escreveu, nem nos depoimentos que prestou, nem nos planos de obras públicas que deixou, estão a mera sugestão de um homem pouco inteligente ou mesmo ingênuo.

---

[1]   *Autos de devassa da Inconfidência Mineira*, vol. 1.

[2]   *Autos de devassa da Inconfidência Mineira*, vol. 1.

Quando chegou ao Rio de Janeiro, no final de março de 1789, Silva Xavier estava acompanhado de outro alferes, o mineiro Matias Sanches Brandão, de 47 anos.[1] Os dois oficiais, companheiros nos Dragões de Minas, alugaram juntos uma casa na rua Mãe dos Homens, atual Uruguaiana. A eles se juntou, dias depois, o soldado português Francisco Xavier Machado, subordinado a Tiradentes na 6ª Companhia do Regimento Regular de Cavalaria. A revolução que faria de Minas Gerais, depois Rio e talvez São Paulo independentes de Portugal, estava atrasada. Talvez não pudesse mais começar por Minas. E ali, na capital da colônia, Tiradentes conhecia muita gente. Gente com influência e gente com dinheiro.

Uma das primeiras portas em que bateu foi a de Simão Pires Sardinha, que conhecia de vista.[2] Mineiro como os dois alferes, mas natural de Serro Frio - terra dos diamantes - era um tipo raro. Nascido escravo, fizera universidade em Portugal. Naturalista, foi um dos primeiros a estudar fósseis no país. Aos 36 anos, era homem de confiança do ex-governador de Minas, Luís da Cunha Meneses, e protegido do vice-rei, Luís de Vasconcelos e Sousa. Mas também frequentava a Sociedade Literária do Rio,[3] o grupo de cientistas e artistas que, logo após o enforcamento

---

[1] *Autos de devassa da Inconfidência Mineira*, vol. 1.

[2] *Autos de devassa da Inconfidência Mineira*, vol. 3.

[3] TUNA, Gustavo Henrique. *Silva Alvarenga: representante das luzes na América portuguesa*.

de Tiradentes, foi acusado de organizar uma conjuração carioca. Sardinha era um homem rico, dono de muitas terras e, principalmente, filho primogênito de Francisca da Silva de Oliveira, a belíssima escrava liberta que causara escândalo e surpresa no distrito diamantino por ser tratada como esposa pelo contratador João Fernandes de Oliveira. Chica da Silva. Sardinha, morando fazia menos de um ano no Rio, conhecia todo mundo, de todos os lados.

Na primeira das três visitas a Sardinha, em 26 de março, Tiradentes levou consigo um exemplar em inglês de *História da América Inglesa*, escrita pelo pastor e historiador escocês William Robertson. Era um empréstimo. Silva Xavier fazia isso com frequência: apresentava livros estrangeiros e pedia ajuda na tradução. Além de ajudá-lo a conhecer textos em línguas que não dominava, era também uma desculpa, método de sedução para a causa, atalho para encaminhar a conversa. E Sardinha era um possível aliado importante.

Os Estados Unidos se declararam independentes da Inglaterra em Quatro de Julho de 1776, o que culminou numa guerra sangrenta de oito anos. A inovadora Constituição do país começara a ter efeito justamente naquele março de 1789, e George Washington estava a semanas de tomar posse como o primeiro presidente de uma república moderna. Os Estados Unidos eram a maior inspiração de vários dos inconfidentes mineiros, entre eles Tiradentes, que devorava o que podia sobre as ideias que moveram a independência norte-americana.

Quase um mês depois, o alferes retornou à casa de Sardinha. Estava mais confiante no contato, mais à vontade na conversa: trazia companhia, o amigo Sanches Brandão. Levava também um segundo livro, em francês: o *Recueil de Lois Constitutives des Colonies Angloises, confédérées Sous La Dénomination d'États-Unis de l'Amérique Septentrionale.*[1] Este era miúdo, pouco maior do que um caderno Moleskine atual. Editado na Suíça uma década antes, já circulava clandestinamente na França pré-revolucionária. Não era pequeno à toa: assim era fácil de esconder no bolso. O livreto agregava as constituições de seis das treze colônias norte-americanas, a Declaração de Independência escrita por Thomas Jefferson, o Ato que liberava a navegação dentro dos estados constituídos e uma penca de outros documentos jurídicos. Estava ali a base pela qual os inconfidentes pensavam o novo Brasil.

Entre o final de março e quase todo o mês de abril, Silva Xavier se movimentou livremente pelo Rio de Janeiro, fazendo não se sabe quantas visitas nem a quem. Era um homem com pressa, e a revolução estava atrasada. Mas sua vida mudou repentinamente quando o soldado Machado se encontrou com Simão Sardinha na rua — e Sardinha tinha notícias. Tiradentes era seguido, melhor tomar cuidado. Assustado, o soldado perguntou o porquê. Talvez por contrabando, ouviu do filho de Chica da Silva.[2]

Eram dois granadeiros. Haviam raspado os bigodes militares como disfarce e, porque só podiam fazê-lo por ordens superiores, a missão era oficial. Vestiam capotes, o que

[1]   SOUZA, Rafael de Freitas e. *O Tiradentes leitor.*

[2]   *Autos de devassa da Inconfidência Mineira*, vol 1.

despertou a desconfiança de Tiradentes. O sangue do "espantado", do "maníaco", ferveu. A primeira reação foi intempestiva. Rumaria para uma área mais deserta da cidade para "partir eles com a espada e fazê-los em quartos".[1] Contudo, acalmou-se ao perceber que estaria seguro em Minas. Precisava voltar, e sua licença estava por expirar. Como era soldado, para fazer a viagem precisaria da permissão do vice-rei. E, se não a tivesse, teria de traçar um plano de fuga.

O cerco estava se fechando.

O vice-rei do Brasil, Luís de Vasconcelos e Souza, já sabia de tudo. Foi entre os dias 24 e 25 de março[2] que recebeu uma carta do jovem governador de Minas, o visconde de Barbacena, alertando para uma conspiração pela independência. Crime de primeira cabeça. De lesa-majestade. Máxima traição. Pela carta, Barbacena também lhe apresentava o coronel de tropas auxiliares Joaquim Silvério dos Reis, autor da denúncia. Silvério estava a caminho do Rio. Por último, o visconde recomendava que Tiradentes fosse preso. Sugeria usar como desculpa a suspeita de que fosse contrabandista — isso permitiria que a investigação prosseguisse sem alertar aos demais. Mas Vasconcelos tinha outro plano. Queria saber com quem o alferes conversava no Rio.

---

[1]   *Autos de devassa da Inconfidência Mineira*, vol 1.

[2]   *Autos de devassa da Inconfidência Mineira*, vol 3.

As fontes de Sardinha dentro do palácio eram boas. Deu a notícia dos espiões a Machado no dia 26 e já tinha ouvido a história de que a acusação seria por contrabando.

Naqueles primeiros dias, enquanto convivia com a escolta indesejada, Machado e Sanches Brandão passaram aos contatos de Silva Xavier a notícia de que o alferes era seguido. Por prudência, era melhor evitar encontros. No dia primeiro de maio, Sanches Brandão foi ao palácio requerer sua licença para voltar a Minas. Conseguiu. No mesmo dia Tiradentes voltou uma última vez à casa de Sardinha. Dessa vez, estava acompanhado do jovem capitão paulista Manuel Joaquim de Sá Pinto do Rego Fortes, membro de família tradicional de São Paulo, bem-nascido e um antigo conhecido das campanhas atrás de bandoleiros no mato mineiro. Saiu de lá com seu exemplar do *Recueil*. Ele tentaria a licença oficial, mas já traçava seu plano de fuga.

Quando foi ao palácio no dia dois, Tiradentes foi recebido pelo vice-rei em pessoa. Luís de Vasconcelos estava de bom humor e não tinha qualquer intenção de permitir uma viagem do alferes. Silva Xavier, por sua vez, tentava não o confrontar demasiadamente. Não estava certo sobre o quanto o vice-rei sabia. Assim, dançaram. Fizeram uma conversa em círculos. "Vossa mercê 'gosta da terra'",[1] disse-lhe

---

[1]   *Autos de devassa da Inconfidência Mineira*, vol 5.

Vasconcelos. Era querido por muitos no Rio. Além disso, o alferes havia proposto algumas obras públicas na capital, e o vice-rei prometera que daria despacho brevemente. Sua licença em Minas, no entanto, estava por acabar, ponderou o alferes. Precisava se apresentar no quartel ou corria o risco de que lhe dessem baixa. Queria demonstrar disciplina, e ouviu em resposta para não se preocupar, pois a licença seria renovada. Então Tiradentes interrompeu, dizendo que era seguido por dois espiões. Se era suspeito de algo, que fosse encaminhado o quanto antes ao Conselho de Guerra.[1] Vasconcelos não acusou o golpe e desconversou.

Não teria permissão para deixar a capital.

Sem que soubesse, nunca mais deixaria o Rio de Janeiro. Nunca mais veria a "beleza, fertilidade e riqueza" daquele que um dia chamou de o "país Minas Gerais".

Passava das 19h do dia seis de maio quando Tiradentes procurou novamente Rego Fortes. Aos 26 anos, capitão do Regimento de Voluntários Reais de São Paulo, chegara ao Rio poucos dias antes. O sobrado em que se hospedava, na rua dos Quartéis (hoje Conselheiro Saraiva), ficava a menos de 1km da casa alugada pelo alferes. Muito mais importante e estratégico do que o jovem oficial paulista, porém, era seu velho anfitrião carioca.

---

[2] *Autos de devassa da Inconfidência Mineira*, vol 3.

O sobrado pertencia a Inácio de Andrade Souto Maior Rendon, um rico dono de terras em Nova Iguaçu.[1] Seu irmão, o conde de Arganil, era reitor da mais importante universidade do Império português, Coimbra. Décadas depois, seu filho, o marquês de Itanhaen, seria tutor de d. Pedro II. Marechal de campo, o equivalente a coronel, Souto Maior morreu ocupando o cargo máximo: brigadeiro. Rico, influente, nobre e poderoso, do tipo com quem não se mexe.

Souto Maior não estava. No sobrado, onde ficou por aproximadamente uma hora, Silva Xavier encontrou Rego Fortes e o cunhado do marechal de campo, Manuel José de Miranda. Pediu refúgio num dos engenhos do poderoso amigo na Baixada Fluminense e, de lá, um guia que pudesse levá-lo pelo interior, desviando-se escondido das estradas principais, até a divisa com Minas. De cada um recebeu uma carta que o recomendava.

"Meu prezadíssimo amigo e senhor do coração", escreveu o capitão Rego Fortes,[2] "o portador desta, por não gostar de algumas coisas que tem visto nesta cidade e falar com alguma paixão e razão, vê-se vendido e, segundo julgam os prudentes, em termo de alguma perdição, porque lhe têm tomado os postos. Ele é um homem de bem, e por isso eu me condoo do seu incômodo. V. s., como tão honrado, creio que lhe acontecerá o mesmo e, nesta certeza, eu o

---

[1]   BARROS, Zanon de Paula. *Inconfidência Mineira ou fluminense?*

[2]   SOUZA E SILVA, Joaquim Norberto de. Op. cit.

encaminho para essa ilustre casa, a fim de que v. s. o ponha em salva terra, como espero. Deus guarde a v. s. como deseja o seu amigo do coração. "

Rego Fortes não assinou seu bilhete, ao contrário de Miranda: "O portador desta me pede que v. s. o encaminhe, e ele melhor expressará a sua tenção, pois na ocasião se vê bem vexado. Ele é meu patrício e conhecido a quem desejo que não tenha incômodo por falar verdades quando neste tempo só as lisonjas mentirosas, e vaidosas adulações, é que agradam aos maiores, e por este motivo os homens de bem se veem neste tempo abandonados".

Aos juízes do inquérito, tanto o capitão quanto o cunhado negaram qualquer outro contato com Joaquim José da Silva Xavier desde aquele dia.[1] Disseram nada saber da Inconfidência. Explicaram que pretendiam apenas ajudar um militar que temia perder o cargo caso voltasse para Minas depois de expirada a licença. Um escravo da casa, porém, disse que o alferes retornou ao sobrado à meia-noite daquele dia. Trazia suas malas. Só saiu de lá às 3h, alta madrugada. Na acareação com o patrão e seu amigo, o criado explicou que dormira cedo e que devia estar enganado.

Depois da prisão, os soldados encontraram a bagagem do alferes no Engenho do Mato Grosso, em Nova Iguaçu.

O marechal de campo Inácio de Andrade Souto Maior Rendon jamais foi interrogado.

---

[1] *Autos de devassa da Inconfidência Mineira*, vol 5.

Na manhã seguinte àquela visita, sete de maio, Tiradentes desapareceu.

Inácia Gertrudes de Almeida era tia do poeta Alvarenga
Peixoto. Aos 57 anos, viúva, morava na rua da Alfândega, a
poucas quadras de Tiradentes. Naquela manhã, foi em sua
casa que ele bateu. Um ano antes, utilizando-se de um un-
guento natural, o alferes havia curado uma ferida feia, uma
"chaga cancerosa", no pé da filha de dona Inácia. Uma ferida que muito médico diplomado não teria resolvido. Agora ele pedia ajuda: uma casa onde pudesse ficar escondido
por uns dias até o momento de seguir para a Baixada. Em
finais do século XVIII, porém, a vizinhança reparava se na
casa de duas mulheres, uma viúva, a outra jovem e soltei-
ra, ficasse hospedado um homem que não fosse da família.
Dona Inácia se lembrou de seu melhor amigo, o compadre
Domingos Fernandes da Cruz, um senhor de 64 anos, ourives, que vivia não longe dali, na rua dos Latoeiros, atual
Gonçalves Dias, quase na esquina.

O padre Inácio de Lima, um rapaz de 27 anos, sobrinho
de dona Inácia, intermediou a conversa. Os boatos que
circulavam sobre o motivo da fuga de Tiradentes já eram
muitos. Fugia de uma dívida. Estava procurado por contrabando de diamantes ou ouro. Talvez estivesse até envolvido
num plano de independência. Ourives, seu Domingos talvez tenha crescido o olho na possibilidade de hospedar um
contrabandista.

Tiradentes chegou à sua casa às 22h daquele dia. Não trazia muito. Do alferes Sanches Brandão, seu amigo, levava emprestado um bacamarte. Com o soldado Francisco Xavier Machado, seu subordinado, pegou duas pistolas. Na véspera, fizera às pressas um contrato de venda, repassando um escravo para o sargento-mor Manuel Caetano de Oliveira Lopes, primo de um dos inconfidentes mineiros. Se terminasse preso, pelo menos o rapaz Camundongo, sua propriedade, não terminaria no auto de sequestro dos bens. Outros três de seus escravos haviam sido levados por Sanches Brandão. Eles o esperariam na margem do rio Paraibuna, entre Rio e Minas, com a missão de preparar uma canoa para que o alferes o cruzasse em fuga.

Aqueles foram dias de aflição. E, aflito, Silva Xavier tomou a decisão que lhe custou a vida.

Tiradentes é, oficialmente, patrono cívico do Brasil. O duque de Caxias, herói da Guerra do Paraguai, é patrono do Exército. E é no mínimo curioso que o judas eleito pela história brasileira, o coronel Joaquim Silvério dos Reis Montenegro Leiria Grutes, delator da Inconfidência, fosse tio deste. Sua mulher, Bernardina Quitéria de Oliveira Belo, era irmã de Maria Cândida, mãe do duque.

Silvério tinha 33 anos. Era um dos homens mais ricos de Minas e também dono de uma das maiores dívidas com o governo. Num momento de desespero, acreditando que a revolução caminhava para o fracasso, decidiu que, se delatasse todos, poderia obter de prêmio o perdão da dívida. Chegara ao Rio no dia primeiro de maio, e Tiradentes fora informado disso. O que ele não sabia era que seu bom amigo era também seu algoz.

Escondido no sótão da rua dos Latoeiros, o alferes pediu a Domingos, seu anfitrião, que procurasse por Manuel José de Miranda, o cunhado do marechal de campo. Queria confirmar a ida para a Baixada. E ao padre Inácio, Tiradentes pediu que procurasse Silvério dos Reis. Silvério era "amigo", disse. Pode confiar. Desejava saber "em que termos vão as coisas", mas não entrou em detalhes.

Ao retornar para sua casa na noite do dia oito, o coronel teve a notícia de que um jovem padre o havia procurado por duas vezes. Na manhã do dia seguinte, ele retornou. "As coisas estão em muito má figura", respondeu Silvério, intrigado. Ao perguntar onde estava o alferes, ouviu como resposta "Não é da sua conta".[1] Padre Inácio tinha a recomendação de confiar, mas desconfiava. "Ora, senhor padre, vossa mercê não é mais amigo do alferes do que eu", disse Silvério. "Diga-me onde está que preciso comunicar-me com ele para seu benefício".

No dia nove, o coronel procurou o vice-rei. Sabia quem conhecia o paradeiro de Tiradentes. Desde que ele desaparecera alguns dias antes, a cidade estava cercada. Ninguém saía ou entrava sem ser vistoriado. Cartas não passavam sem ser interceptadas e lidas. Na manhã do dia dez, o padre

---

[1]   *Autos de devassa da Inconfidência Mineira*, vol 5.

foi apresentado no Palácio. Negou que conhecesse Silvério ou que soubesse do alferes. Naquele dia, de bem-humorado o vice-rei não tinha nada. Se o padre não entregasse o paradeiro, que ficasse claro, Luís de Vasconcelos "o havia de consumir".

Tiradentes está na rua dos Latoeiros. Na casa de Domingos Fernandes da Cruz.

O bacamarte estava carregado, mas quando os soldados entraram no pequeno quarto, o alferes preferiu não resistir.

Entregou-se.

Talvez ainda houvesse chance para a revolução, mesmo sem ele.

Joaquim José da Silva Xavier foi o primeiro dos presos pela Inconfidência Mineira. Silvério dos Reis, o delator, foi o segundo. Quando o contato entre Tiradentes e Simão Pires Sardinha, o bem-relacionado filho de Chica da Silva, se fez evidente, o vice-rei do Brasil rapidamente o liberou para que viajasse a Lisboa. Que fosse para longe do risco! Na capital portuguesa, foi interrogado uma vez por procuração, de forma burocrática, por alguém que tinha pouca intimidade com o processo. A conversa jamais prosperou. O padre Inácio, dona Inácia Gertrudes e seu Domingos foram presos por meses, interrogados e liberados. O capitão Rego Fortes e o cunhado do marechal de campo, Manuel José de Miranda, foram igualmente interrogados. Rego Fortes morreu na prisão. O marechal de campo em cuja fazenda foram encontradas as malas do alferes sequer foi procurado. Nos mais de três anos do inquérito, houve um esforço para investigar além das fronteiras mineiras.

Que se abafe o caso!

Se vasculhassem demais, poderiam descobrir que não era só toda a elite mineira que simpatizava com a ideia de independência. Que também ao menos um naco da elite carioca explorava a possibilidade. Quem sabe até a elite paulista. Talvez os três grupos — mineiros, cariocas e paulistas — dedicassem horas a fio, madrugadas adentro, conversando juntos, nos sobrados, sobre liberdade. Se fossem ainda mais fundo na investigação, talvez tivessem de encarar o fato de que a culpa pertencia à política portuguesa. Talvez tivessem apertado demais, dado autonomia de menos, sufocado ao ponto de quase estourar.

Apenas alguns meses após a prisão do alferes, a Bastilha caiu, em 14 de julho de 1789. Ainda antes da forca ser erguida no centro do Rio, Luís XVI se viu obrigado a assinar uma Constituição na qual abria mão de seus poderes absolutos. Quando a guilhotina desceu pela primeira vez em Paris, Tiradentes ainda respirava. Num arco de apenas três anos, havia mudança radical na Europa. O Antigo Regime começava a se esvair. E com um olho na França, outro em Minas, o alto comando português não pôde negar a similaridade dos discursos.[1] A mesma conversa de república, liberdade, limites aos poderes absolutos.

---

[1]   FURTADO, João Pinto. *O manto de Penélope.*

Entre a prisão de Tiradentes, naquele 10 de maio de 1789, e o enforcamento, em 21 de abril de 1792, algo mudou na percepção dos portugueses. Prenderam um grupo que, avaliaram no primeiro momento, era formado por contrabandistas de ouro e pedras que traíram para sonegar impostos. Mas seria só isso mesmo? E se o movimento tivesse simpatias além de Minas? E se a motivação não fosse apenas o dinheiro, as dívidas, mas também ideias?

República e Liberdade, apelidos de Tiradentes.

Ideias perigosas e, aparentemente, prenúncio de um tempo por vir. Os Estados Unidos, que moveram o sonho de tantos inconfidentes, já não eram mais exemplo isolado.

No fim, talvez fosse melhor não conhecer a real dimensão daquele movimento. Se aprofundassem demais a investigação, começassem a colocar todos que conversavam sobre os mesmos assuntos inconfidentes na cadeia, os portugueses poderiam forçar demais o que parecia ser o tênue equilíbrio que ainda mantinham com o Brasil.

Mas não investigaram. Limitaram o foco ao grupo de Minas, evitaram certas perguntas. Porque não foram a fundo, a não ser que surja algum documento novo, jamais saberemos de tudo.

Mas, ao que parece, a revolução poderia ter acontecido.

Tiradentes foi o único levado à forca, mas não o único morto pela punição. Dois dos três grandes poetas árcades mineiros morreram pelas agruras da cadeia. Outros dois morreram antes de ouvir a pena. Tiradentes não era o mais pobre, não era o menos educado. Muito menos era, como leram alguns, um dos menos capazes de exercer influência.

Seus últimos dias de liberdade no Rio mostram um dos traços mais notáveis de sua personalidade — a capacidade de envolver gente de todas as classes, de seduzir, de cultivar alianças —, assim como mostram sua inconsequência, seu agir sem pensar, sua exposição demasiada. No período de prisão, apenas um detalhe o distinguiu dos outros: após incontáveis interrogatórios, foi o único réu confesso.

A Inconfidência Mineira não foi o único movimento pela independência brasileira nas décadas anteriores a 1822. Talvez sequer tenha sido o mais bem-organizado. Mas possivelmente foi o movimento pela independência que envolveu mais gente em mais estados. Nenhum outro grupo contou com tantas mentes brilhantes, tantas personalidades carismáticas ou terminou de forma tão simbólica, na forca, com um mártir esquartejado. E dificilmente outro movimento ensinou tanto a Portugal sobre os limites de seu poder.

Mas esta é uma história que só pode ser compreendida se começarmos sete anos antes, quando chegou a Vila Rica, capital da província mineira, o desembargador português Tomás Antônio Gonzaga.

IDÍLIO MINEIRO

O luxuoso Palácio da Cachoeira estava tinindo de novo e o tempo estava bom. Havia no jardim um lago artificial, com cem metros de comprido, no qual um pequeno barco à vela flutuava. Os convidados do governador dom Rodrigo José de Meneses celebravam o batizado de seu filho, nascido em Minas. A festa era do tipo que dom Rodrigo gostava de dar — um sarau com música, poesia e chá, reunindo sua mulher, Maria José, as crianças e a talentosa gente da terra. Dom Rodrigo tinha 32 anos e Maria José estava para fazer trinta. Ela tinha treze anos quando casou e vinha de família nobre e muito rica. Ele era filho do marquês de Marialva, conhecido em Portugal pela elegância ao montar cavalos, a quem sobrava nobreza mas faltava dinheiro. O casal gostava de Minas, onde vivia havia dois anos, desde 1780. Escolheram viver em Cachoeira do Campo e incrementar aquele palácio de veraneio. O clima era bom, constante, quase sempre vinte graus. A capital, Vila Rica, maior cidade brasileira, com oitenta mil habitantes,[1] ficava a poucos quilômetros. E lá a chuva era contínua; o dia a dia, agitado; e as intrigas, intermináveis.

No centro das atenções, rodeado por algumas folhas manuscritas, o advogado Inácio José de Alvarenga Peixoto se preparava para recitar seu novo poema, em homenagem ao menino José Tomás. Viajara 150km para aquela festa, desde São João del-Rei. Era uma festa daquelas que seria lembrada por anos. Um menino nobre nascido na terra era raro.

Mas dom Rodrigo não era realmente um governador típico. Os nobres que vinham com a missão de tocar a mais rica província do Império português nunca traziam a família. Dom Rodrigo trouxe. Quase nunca gostavam do lugar. Dom Rodrigo gostava. Enriqueciam e iam embora. Dom Rodrigo se preocupava. Dom Rodrigo tinha um gosto refinado por poesia, e havia pelo menos dois grandes poetas em Minas. Alvarenga era um deles.

Os versos do *Canto genetlíaco*[2] são empolados e, nas muitas voltas, disfarçam sua real intenção. *Bárbaros filhos destas brenhas duras*, recitou Alvarenga Peixoto, *nunca mais recordeis os males vossos*. Referia-se aos rudes filhos da terra, à gente de Minas. *O vosso sangue, que esta terra ensopa, já produz frutos do melhor da Europa*. O fruto: um menino nobre, benzido pelo sacrifício de quem construiu o lugar. A capitania era jovem. A notícia de que ouro enfim havia sido descoberto

---

[1]   VASCONCELLOS, Sylvio de. *Vila Rica: formação e desenvolvimento*.

[1]   GRÜNEWALD, José Lino (Ed.). *Os poetas da Inconfidência*.

no Brasil foi dada no final dos anos 1600. Minas Gerais não tinha ainda um século. A maioria das famílias estava na primeira ou segunda geração. Terceira geração era para as famílias fundadoras com bebês em casa.

Em seu canto, o poeta vai a Roma, busca mitos da Antiguidade Clássica, desfila pela história portuguesa, lança mão de passagens do Evangelho, mas sempre retorna a Minas. *Vós exp'rimentareis*, desejou Alvarenga Peixoto ao menino, *louvar estas serras e estes ares e venerar, gostoso, os pátrios lares.* Porque, ele explicava, *aquelas serras na aparência feias têm as ricas entranhas todas cheias de prata, oiro e pedras preciosas. Aquelas britas e escalvadas serras fazem as pazes, dão calor às guerras.*

Entre murmúrios, sorrisos e indícios de aprovação, todos, convidados e anfitriões, haviam percebido que ali, disfarçada na longa homenagem ao filho do governador, estava um canto de amor ao lugar. Não havia surpresa: era o tempo. Porque justamente por aqueles anos os mineiros nascidos e adotados se dedicavam a inventar a ideia Minas Gerais.

O outro grande poeta de Minas, talvez ainda maior do que Alvarenga, era Cláudio Manoel da Costa. Aos 53 anos, ele já era um homem que pertencia a outro tempo. Mantinha o hábito de usar cabeleiras,[1] as vistosas perucas

---

[1]   SOUZA, Laura de Mello e. *Cláudio Manuel da Costa.*

de fios brancos que saíam de moda no Brasil e em Portugal. Cheirava rapé e limpava a mão com um lenço de linho branco. Usava óculos. Era um homem alto que, na juventude, conheceu Minas inteira a cavalo; que, já homem feito, servira de primeiro secretário a um governador e para ele escreveu políticas públicas. Um mineiro de nascença que assistiu a Vila Rica crescer e, com ela, acumulou uma pequena fortuna. Estudou em Coimbra e se fez advogado. Era o representante legal de algumas das maiores fortunas da capitania e poeta publicado em Portugal havia mais de uma década. E foi justamente Cláudio, que tão bem conhecia Minas Gerais, o primeiro a tentar explicá-la.

A intenção inicial era escrever um poema épico, o que de fato fez. Chama-se *Vila Rica* — seu melhor trabalho —, uma longa obra dividida em dez cantos, que entrelaça três narrativas distintas, uma na outra, para revelar a história local. Um poema difícil, às vezes quase intransponível, mas que na terceira ou quarta leitura revela cenas preciosas. Na descrição de um índio atento, com arco à mão, pronto para desferir uma flecha, por exemplo: *o rosto, a fala e tudo verte um ar de respeito, ar sem estudo.* Sua vítima será um bandeirante. Este, no acampamento, sequer suspeita. *A luz lhe rege o passo, e ao mesmo instante na cama o tenta, e lhe prepara a morte. Mas aí ergue-se, toma a espada. Mete a espada por um lado ao traidor. Em sangue envolta, a tira, e a mão suspende a um tempo, solta a corrente de sangue, inunda a terra. O Índio semivivo os dentes ferra, acena de morrer, e grita, e brada.*

Terminado em 1774, *Vila Rica* consumiu cinco anos de trabalho.[1] Cláudio escrevia, reescrevia, lapidava. E, ainda assim, de alguma forma não lhe bastou. Porque ele tinha mais a dizer, mais do que uma aventura, do que um mito tropical construído com estruturas europeias, pudesse mostrar. Por isso escreveu para a saga uma introdução, o *Fundamento histórico* — não só o primeiro esboço de uma história mineira, como também a primeira menção a números, estatísticas que tão bem conhecia por ser próximo ao governo.

Em tempo que o conceito do plágio não existia, parte do *Fundamento* foi reaproveitado[2] pelo engenheiro português José Joaquim da Rocha. Português por nascimento, não mais que isso. Aos 42 anos, vivia em Minas desde os vinte e poucos. Nunca mais voltou.[3] Fez-se mineiro. Cartógrafo preciso, foi o primeiro a mapear com detalhes toda a capitania. Militar, foi oficial dos Dragões, o exército a serviço do governador. Fez um minucioso levantamento demográfico, ao mesmo tempo que surgiu uma terceira obra, a *Instrução para o governo da capitania de Minas Gerais*, assinada pelo desembargador José João Teixeira Coelho. Este não tinha qualquer simpatia pelos mineiros. Seu objetivo era orientar Lisboa sobre como governar melhor.

---

[1]   SOUZA, Laura de Mello e. Op. cit.

[2]   RESENDE, Maria Efigênia Lage de. *A disputa pela história.*

[3]   FURTADO, Júnia Ferreira. *Um cartógrafo rebelde?: José Joaquim da Rocha e a cartografia de Minas Gerais.*

A busca por uma identidade mitológica, histórica, cartográfica ou estatística que, pelos elementos em separado ou pelo conjunto, explicasse o que era Minas, tinha motivo de ser. Até então, Minas não era difícil. Minas era o sonho da riqueza fácil, do dinheiro que sobra, que permite exageros numa época dura. Mas todo aquele ouro coberto por óxido de ferro, o ouro preto que dava farto no leito dos rios, estava começando a faltar. Foi farto, tornava-se escasso. Era preciso entender melhor Minas para continuar a exploração. Assim como era necessário cogitar um futuro para além dos minérios e pedras.

A real identidade de Minas, porém, se escondia muito mais camadas abaixo das reveladas por mito, história, mapas ou números. Cláudio, o poeta mineiro por excelência, era símbolo talvez inconsciente dessas camadas expostas e disfarçadas que compunham a mineiridade. Enquanto mostrava a face pública, ocultava a privada. Seus melhores versos são os de *Vila Rica*, quando escreve sobre a própria identidade, sobre algo que lhe era verdadeiro. Seus piores — nem todos os críticos concordam — são aqueles árcades puros, aqueles que falam de pastoras muito brancas, muito louras, em cenários bucólicos quase gregos. São poemas precisos na métrica, rigorosos na fórmula por cumprir os temas obrigatórios à risca. E vazios. Sem sentido. Falsos.

A mulher da vida de Cláudio Manuel da Costa se chamava Francisca Arcângela de Sousa.[1] Com ela, teve cinco filhos

---

[1]   SOUZA, Laura de Mello e. Op. cit.

entre 1759 e 1773: quatro mulheres, um homem. Francisca não era loura. Era negra. Talvez tenha sido escrava.

Não era uma relação incomum nas Minas oitocentistas. A população negra ou mulata era muito maior do que a branca, e a proporção de mulheres brancas, muito inferior à de homens. O marido que assumiu abertamente Chica da Silva era padrinho de Cláudio, mas este não era como João Fernandes. Tinha muito dinheiro, mas não deu aos filhos a educação que recebeu dos pais. Foi praticamente casado com Francisca por bem mais de vinte anos, até sua morte. Numa relação assim tão longeva, devia amá-la. Mas jamais compartilhou sua casa. Comprou uma nova, na outra ponta da cidade, onde Francisca morava com as crianças.

Não devia ser segredo, pois em Vila Rica todos sabiam de tudo. No entanto, Cláudio não ia acompanhado de Francisca aos saraus. Não frequentava a casa dos amigos, um de seus maiores prazeres, com ela. Para todos os efeitos, o poeta se fingia solteiro. Tão preocupado em registrar a história de sua terra, quase nada deixou registrado sobre a própria mulher. As pastoras louras da Grécia, sobre quem escrevia, eram falsas porque não lhe interessavam. Mas, com o rosto público e apenas ele à mostra, é sobre elas, louras, que recitava nas boas salas e publicava em Portugal.

A história íntima e pessoal de Cláudio se revela demograficamente. Minas Gerais tinha 320 mil habitantes em 1776:[1] 71 mil brancos, 82 mil mulatos e 167 mil negros. Apenas

---

[1]   FIGUEIREDO, Luciano. *O avesso da memória.*

dez anos após, a população chegava a 363 mil. Um quarto da população era composto por mulheres livres. Apenas 8% da população era de mulheres brancas. O desequilíbrio não estava só aí: homens representavam 60% da população, e metade dos que moravam em Minas eram escravos. Minas era negra, escrava e masculina. Minas era violenta, de uma agressividade exposta na ponta das chibatas e disfarçada em inúmeros leitos nupciais.

E Minas estava falindo.

Sobraram 33 poemas de Alvarenga e uma vasta obra de Cláudio. Nenhum dos dois, porém, seria o melhor dos poetas da geração dos inconfidentes. Este ainda estava por chegar.

Era uma bela promoção. Ouvidor-geral de Vila Rica. Provedor do juízo de defuntos, ausentes, capelas e resíduos. Nomeação publicada em 27 de fevereiro de 1782 para "servir o cargo pelo prazo de três anos e o que mais decorrer enquanto eu não mandar o contrário"[1] com, ao pé, a devida assinatura de sua majestade, d. Maria I. A capitania mais rica, provavelmente a mais importante, do Império.

---

[1]   FRANCO, Sandra Aparecida Pires. *Tomás Antônio Gonzaga e sua história.*

Chefe do Judiciário. Juiz ordinário, civil, criminal. Membro da Junta de Arrecadação da Real Fazenda na maior fonte de dinheiro portuguesa. Responsável pela decisão final em todas as causas que envolvessem terras ou águas num lugar de mineração. Juiz de recurso em quaisquer causas eclesiásticas. Responsável até pelas causas cíveis e criminais na Junta Diamantina, território em que nem o governador mandava, por responder diretamente a Lisboa. E o mandato nunca durava só três anos: o substituto demoraria muito ainda para aparecer. Tomás Antônio Gonzaga estava a caminho de uma promissora carreira.

Era louro, tinha olhos azuis, 38 anos. Baixo, meio gordo, ficando calvo e grisalho. Vaidoso. Quando foi preso e lhe sequestraram os bens, descobriram que 30% de tudo o que tinha fora gasto em roupas. Casacas e calças típicas do século, de cores sempre fortes, mostardas e vinhos e verdes, sapatos bons, muitas fivelas, os melhores tecidos e rendas para os punhos e pescoço. Roupas e livros formavam quase metade do que era seu. Não possuía casas, terras ou escravos. "Um dandy",[1] registrou umas décadas depois o explorador inglês Richard Burton que ouviu falar de Gonzaga, o "proscrito na África", por quem o conhecera em Minas. Um mauricinho.

Se Cláudio incorporava uma síntese de Minas, Gonzaga era a do Império. Nascera no Porto, em Portugal, o sétimo

---

[1]   FRIEIRO, Eduardo. *Como era Gonzaga?*

filho do desembargador carioca[1] João Bernardo Gonzaga e de Tomásia Isabel Clark. Tomásia era filha e neta de ingleses. Morreu quando o menino tinha um ano. Ele foi criado na primeira infância pela família do avô materno. John Clark[2] era mercador. Fazia a rota Canárias, Porto e Londres, comprando e vendendo vinho. Tomás era português. Brasileiro pelo lado paterno e inglês pelo materno. A metáfora perfeita de Portugal: os dois lugares dos quais a terra lusitana dependia.

Tinha sete anos quando viu pela primeira vez a terra paterna. João Bernardo fora nomeado ouvidor-geral em Pernambuco, e o caçula o acompanhou. Viveu em Olinda, estudou em Salvador. Adolescente, retornou ao reino. Não era de família nobre ou rica, mas, assim como seu pai, seu avô paterno também fora juiz formado em Coimbra, ambos membros de uma pequena classe média brasileira que ascendeu socialmente pela educação e que se dedicava à governança do Império. Coimbra seria, portanto, o destino do jovem Tomás.

Os Gonzaga eram fruto das políticas do marquês de Pombal.[3] Porque aquelas ideias iluministas sobre gestão e justiça, bem antes de alimentarem sonhos com repúblicas e independência, infiltraram-se nas monarquias europeias na forma do Despotismo Esclarecido ou, como preferem os

---

[1]   VARNHAGEN, Francisco Adolfo. *História geral do Brasil.*

[2]   OLIVEIRA, Tarquínio J.B. de. *As cartas chilenas, fontes textuais.*

[3]   MAXWELL, Kenneth. *A devassa da devassa.*

portugueses, Absolutismo Ilustrado. Sebastião José de Carvalho e Melo, conde de Oeiras e marquês de Pombal, foi um dos maiores expoentes da prática. Nomeado secretário de Estado de Portugal por d. José I em 1750, primeiro-ministro em 1755, só deixou o poder com a morte do rei e sua sucessão pela filha, d. Maria I, em 1777. Quase trinta anos de poder absoluto enquanto o rei se dedicava à caça.

Pombal reinventou tudo com punho forte. Estabeleceu incentivos para que cada vez mais produtos fossem manufaturados dentro dos limites do Império sem a necessidade de importar. Criou um banco e centralizou a cobrança de impostos. Demarcou a primeira região vinícola da Europa. Mergulhou no sistema de ensino e, para modernizá-lo, expulsou do Império os jesuítas, confiscando seu dinheiro. Quando Lisboa foi destruída por um terremoto, em 1755, não permitiu que um só prédio fosse reerguido sem expresso consentimento do Palácio. Criou, assim, uma capital moderna e estabeleceu uma política que favorecia aos egressos das colônias que assumissem cargos altos da administração.

Tomás Antônio Gonzaga era um homem que se encantava com ideias. Não chegou a pegar a reforma educacional de Coimbra, pois a sua foi uma das últimas turmas que aprendeu pelo currículo antigo. Entretanto, meteu-se nos grupos de estudantes que se reuniam secretamente para ler e discutir Locke, Hobbes, Montesquieu e Voltaire,[1] os

---

[1]   FRANCO, Sandra Aparecida Pires. Op. cit.

ícones iluministas. Na universidade, um de seus melhores amigos era brasileiro e se tornaria companhia para o resto da vida: Alvarenga Peixoto.

Gonzaga hesitou em seguir a carreira do pai e do avô. Com a reforma de Pombal próxima, escreveu tese e se candidatou a um cargo de professor na universidade. Em seu *Tratado de Direito Natural*, defendeu doutrinas que em nada lembram as de um futuro revolucionário. O rei, por exemplo, estaria acima das leis, já que "ninguém pode estar sujeito à sua própria lei, pois que ninguém se pode obrigar a si próprio".[1] É um tratado pombalino por essência. Se justifica o absolutismo por um lado, por outro mostra indícios das luzes: "As leis têm por fim o bem dos povos."[2] O governante tem poder absoluto, mas este deve ser colocado a serviço de uma melhor sociedade.

No campo jurídico, a maior preocupação de Pombal era formalizar as relações. Num grande império, boa parte das decisões tinha de ser tomada muito longe da capital. Centralizar o comando, num tempo ditado ao ritmo de barcos à vela, era impraticável. Leis claras que compusessem um código coerente, executadas por magistrados em todos os cantos das terras portuguesas, deveriam substituir a interpretação da jurisprudência que imperava, pois esta, afinal, era feita muitas vezes de forma aleatória, quando não

---

[1]   MENDES, Larissa Cardoso Fagundes. *Tomás Antônio Gonzaga e as práticas políticas e jurídicas do império português.*

[2]   JARDIM, Márcio. Op. cit.

movida por evidente má-fé. Leis claras, devidamente executadas, resolveriam o problema. Gonzaga não virou professor, mas quando foi nomeado para seu primeiro cargo como juiz de fora em Beja, no Alentejo, já havia incorporado o jeito de pensar pombalino.

A cabeça jurídica, o fascínio por ideias, o trânsito entre a cultura inglesa, portuguesa e a brasileira, mesmo a vaidade num homem baixo, gorducho e a caminho da calvície não completavam Tomás Antônio Gonzaga. Era, talvez incrivelmente, um sedutor com olho afiado para belas mulheres. E, quando finalmente deixou Beja, deixou por lá também um filho ilegítimo. Luís Antônio Gonzaga foi criado por uma das irmãs de Tomás.

Filhos de homens solteiros não eram raros. Portugal podia ser, só na aparência, um país conservador, católico até a alma e de rígidos padrões morais. Só se for na aparência. Dedicavam-se, muitos portugueses, a uma vida sexual tão clandestina quanto ativa e diversa, no reino e no além-mar. Essa vida, dividida em inúmeros tipos, dava mostras no extenso vocabulário das ruas. Gonzaga, por exemplo, era algo entre o *casquilho* e o *peralta*,[1] gírias que englobavam todos estes conceitos: a vaidade, o ímpeto sedutor e até uma ponta de vigarice. E se a cultura produz uma palavra para caracterizar um tipo tão específico, isso só indica que eles não são poucos.

As gírias não ficavam só por aí. Havia os *maridos cucos*, em cujas portas, à noite, os filhos dos vizinhos penduravam

---

[1]   DANTAS, Júlio. *O amor em Portugal no século XVIII.*

cornos de boi - o marquês de Pombal teve de baixar lei proibindo a prática. Havia as *mulheres-damas* ou as *senhoritas da comédia*, e a ambas seria possível comprar o amor. Um poeta setecentista escreveu certa vez uma quadrinha sobre freiras lisboetas: *Das freiras desta cidade, que correm de grade em grade, com quem temos pouca fé, Libera nos Domine.* Pois se nem as freiras eram incólumes, imagine-se as mocinhas de família. Na igreja, faziam dos jeitos distintos de abanar o leque um código para combinar o que fosse com os *peraltas* algumas filas atrás. Trocavam inúmeras cartas de amor que, embora se chamassem de amor, era só por eufemismo, pois as intenções de ambos os lados eram outras. E, muitas vezes, os frades, confidentes e fofoqueiros, serviam de carteiros para tais namoros.

O *peralta* juiz de Beja, pai de um filho e professor frustrado que no início de 1782 começou a fazer as malas com destino a Minas, não era poeta. Ao menos, pela mostra dos poucos versos que deixou desse período, não era um poeta dedicado, tampouco sugeria qualquer talento extraordinário. No máximo, talvez, bom escritor de cartas românticas — mas nenhuma dessas cartas que ele deve ter escrito sobrou. Não era em nada um revolucionário. Inteligente, curioso, culto, magistrado capaz. Pombalino. E em tudo convencional. O solteirão de quase quarenta anos com boa posição social que saltava de leito em leito era um tipo português comum.

Tomás Antônio Gonzaga era um homem comum a caminho de uma carreira promissora na alta burocracia.

Na Vila Rica do final de 1782, Gonzaga encontraria um ambiente tranquilo. D. Rodrigo José de Meneses era um governador afável e benquisto. Intelectualizado, tinha interesse na companhia de gente de ideias e era solidário com as dificuldades mineiras. Entretanto, havia a perspectiva de atrito no ar. O marquês de Pombal, morto naquele ano, estava já afastado do poder desde 1777. Não deixou sucessor com cargo de tão vastas atribuições. Na gestão do Império ficara Martinho de Melo e Castro, o ministro do Ultramar, que buscava mais centralização e que por norma desconfiava da boa-fé dos colonos.

Foi a Melo e Castro que d. Rodrigo enviou um longo relatório sobre o que fazer com Minas Gerais. O ouro fácil de pegar estava acabando, ele dizia. Seria preciso alguma flexibilidade para permitir que o crescimento econômico retornasse. O ministro do Ultramar, porém, tinha uma visão mecânica da gestão de colônias. Cada região deveria ter uma ou duas vocações específicas e importaria das outras os produtos que lhe faltassem. Minas já produzia ouro e diamantes; teria agricultura para subsistência, e disso não passaria. Controlar com mão de ferro o que cada lugar produzia e angariar impostos no comércio interno seria o melhor método de gestão colonial.

D. Rodrigo sugeria que fosse permitida a criação de uma pequena indústria de mineração e fundição de ferro. Com ferramentas baratas e adequadas, a exploração de minas subterrâneas seria mais fácil. Pedia também flexibilidade para a exploração agrícola. Crédito facilitado para quem tivesse projetos de desenvolvimento. Era uma lista de sugestões modesta que fazia parte do contexto em que os mineiros buscavam se compreender e escreviam fartamente sobre a capitania. Jamais ouviu resposta. Os tempos de Pombal haviam passado.

Em Lisboa, a ideia de que havia um mercado interno possivelmente amplo e um potencial econômico ainda maior em Minas, ou mesmo no Brasil, não estava clara. A compreensão moderna da economia de mercados apenas nascia. O escocês Adam Smith ainda era vivo. Seu *A riqueza das nações* fora publicado em 1776, apenas quatro anos antes de d. Rodrigo assumir o governo de Minas. Os trabalhos de Thomas Robert Malthus, John Stuart Mill, Karl Marx, os primeiros homens que tocariam a ideia de uma ciência econômica para além de Smith, demorariam décadas para surgir. Mas os cultos mineiros não estavam isolados do mundo. Cláudio Manuel da Costa traduziu *A riqueza das nações*. Após sua prisão, o documento foi sequestrado e se perdeu.[1]

O alentejano Manuel Joaquim Pedroso, ouvidor-geral de Vila Rica, aguardava com ansiedade o sucessor. Estava havia sete anos no cargo e não eram poucas as denúncias

---

[1] MAXWELL, Kenneth. *Conjuração mineira: novos aspectos.*

que tinha contra si. Era acusado de não pressionar os homens mais ricos, principalmente aqueles que tinham a missão de cobrar impostos,[1] a sanar seus débitos com o governo.

A nomeação de Gonzaga saiu em fevereiro de 1782. Ele chegou ao Rio no início de outubro. Trazia de Portugal sua empregada, uma senhora chamada Elena Maria da Silva Gonzaga,[2] que muitos anos antes havia sido escrava de seu pai. Alcançou Vila Rica em novembro e tomou posse no dia 12 de dezembro, com pompa,[3] reunindo a mesma gente que costumava frequentar os saraus do governador. Incluía-se aí seu velho amigo, Alvarenga.

A princípio, seu cargo era politicamente delicado. O governador era uma autoridade maior, mas ele próprio não estava submetido a ela. Não podia ser preso por contrariar ordens. Na verdade, tinha até algum poder de censura e estava entre suas obrigações denunciar o governo que abusasse do poder.

Delicado a princípio, fácil na prática. Gonzaga fez amizades e costurou relações muito rápido. A casa de Cláudio Manuel da Costa, apenas alguns metros ladeira abaixo da sua, tornou-se um ambiente de visitas regulares. Poeta de extremo rigor formal e carisma, Cláudio já mantinha um ciclo frequente de serões, em que os convidados regulares

---

[1] MAXWELL, Kenneth. Op. cit.

[2] JARDIM, Márcio. Op. cit.

[3] FRANCO, Sandra Aparecida Pires. Op. cit.

ouviam música, jogavam gamão e declamavam seus novos poemas.[1] Mais que um patrocinador desses encontros, d. Rodrigo havia se incorporado a eles, seguido por Gonzaga.

No entanto, as relações iam além dos interesses artísticos ou mesmo políticos. Cláudio era, afinal, advogado dos homens mais ricos e poderosos da capitania. Gonzaga era o principal juiz. D. Rodrigo, o governador. Os interesses comuns eram óbvios, e, também a isso, Gonzaga se incorporou. Se a Junta da Fazenda era conservadora em coletar impostos devidos sob seu antecessor, nada mudou com o novo ouvidor-geral. E a dívida que Tomás Antônio Gonzaga havia feito em Portugal para custear sua viagem teria chances de ser paga. Seu bom amigo Alvarenga Peixoto, que fora juiz em São João del-Rei antes de virar fazendeiro, havia comprado ilegalmente em nome do sogro uma fazenda num espólio que, como magistrado, deveria ter leiloado. Os herdeiros questionaram o gesto evidentemente desonesto,[2] mas o desembargador Gonzaga declarou tudo legal.

Talvez os critérios de probidade do século XXI sejam excessivos para os do século XVIII. O mundo era corrupto. Praticamente todos os governadores enriqueciam. Por isso algum grau de corrupção era esperado. E, no entanto, quando anos depois foi preso, Gonzaga não era um homem rico. Metade do valor de tudo o que possuía, afinal, persistia

---

[1]   STARLING, Heloísa Maria Murgel. *Visionários: a imaginação republicana nas Minas setecentistas.*

[2]   FRANCO, Sandra Aparecida Pires. Op. cit.

concentrado em roupas e livros. Dos três poetas, foi o único que não enriqueceu naquela terra que construía fortunas.

Apaixonou-se, porém.

É muito pouco o que sabemos sobre Maria Joaquina Anselma de Figueiredo. Devia ter pouco mais de vinte anos. Era loura e penteava o cabelo em tranças. Vivia não longe de Gonzaga, num beco aos fundos. Nos pequenos documentos espalhados pelo arquivo mineiro que mencionam Joaquim Gonçalves de Figueiredo, seu pai, ele aparece tomando um empréstimo em ouro aqui, pagando um pedreiro ali, pedindo licença para cobrar do fiador o valor não pago pela venda de uma fazenda. Devia ser um homem de posses. E Anselma devia ser uma moça deslumbrante, pois mexeu com muitos homens.

Nos muitos poemas de Gonzaga escritos no período em que viveu no Brasil, Anselma foi *Nise*, *Laura* e *Marília*, quando a *Marília de Dirceu* aparece loura.[1] Ele descreve o quarto da moça, com o teto forrado de palhinha caiada. Numa de suas liras: *Se mostro na face o gosto, ri-se Marília contente; se canto, canta comigo; e apenas triste me sente, limpa os olhos com as tranças do fino cabelo louro.*

Se não parece ter demonstrado talento particular para a poesia em Portugal, em Minas explodiu. O crítico

---

[1]   OLIVEIRA, Tarquínio J.B. de. Op. cit.

e sociólogo Antônio Candido sugere que o contato com Cláudio foi decisivo.[1] Mas, diferentemente de Cláudio ou Alvarenga, a poesia de Gonzaga flui, é de leitura fácil. Lírica. Quando fala de mulheres, as personagens existem, são concretas. Elas têm momentos de mau humor e de graciosidade. Ao mesmo tempo, ele é um homem apaixonado que se expõe enquanto ri de si mesmo. Poesia tão atraente encontrou um número farto de leitores. O livro *Marília de Dirceu* teve dezenas de edições, só no século XIX. Gonzaga foi o segundo poeta mais popular em Portugal nos oitocentos, perdendo apenas para Luís de Camões.[2] O lirismo de sua poesia vem ecoar mesmo em poetas modernistas, como Vinicius de Moraes. *Marília* é a primeira personagem brasileira feminina forte, que deixou descendentes como *Iracema* e *Capitu*, dos amigos José de Alencar e Machado de Assis. Uma personagem tão marcante que permaneceu referência séculos adiante, como no haicai de Manuel Bandeira: *Quis gravar "Amor" no tronco de um velho freixo: "Marília", escrevi.*

E, como talvez fosse inevitável, Anselma engravidou de Gonzaga. Numa das liras, ele a imaginou observando o rosto do filho que teriam. *Quando, Marília, quando disser consigo: "É esta de teu querido pai a mesma barba, a mesma boca, e testa."* A brutalidade do século, porém, não haveria de permitir

---

[1]   VERMEERSCH, Paula Ferreira. *Dirceu de Marília: a interpretação da lírica de Gonzaga por Antônio Candido.*

[2]   FRIEIRO, Eduardo. Op. cit.

um desfecho assim. Em 1785, Pedro Teixeira da Silva Mursa, tesoureiro do juízo dos ausentes, apresentou seu filho adotado à sociedade. Antônio Silvério da Silva Musa (sem o "R" de Mursa) cresceu para ser fazendeiro, comandou a polícia de Vila Rica durante o Império e teve dez filhos. E, para quem perguntasse, respondia o que todos na cidade sempre souberam. Era filho do poeta Tomás Antônio Gonzaga e de Maria Joaquina Anselma de Figueiredo.

Anselma não foi a única *Marília*. Foi, antes, o primeiro amor em Minas. Nos muitos museus que celebram de alguma forma a Inconfidência no estado, porém, dela não há vestígio ou menção. Apenas a versão morena de *Marília*, seu amor de uns anos depois, é celebrada. Mas essa não é só uma história pessoal de poeta apaixonado. O rompimento com Anselma não foi somente um segundo gesto de abandono pelo ouvidor feito poeta.

Foi um entre os muitos movimentos com profundas consequências políticas que desembocaram na conjuração de 1789.

MUDANÇA DE GUARDA

O governador d. Rodrigo tinha pressa para deixar Minas. Seus filhos estavam doentes e uma nova missão o aguardava na Bahia, onde assumiria um novo posto de comando. Os homens sempre nobres escolhidos para o governo, no tempo da colônia, circulavam de um cargo para o outro, em sistema de rotação. Luís da Cunha Meneses, que assumiu Minas em 23 de agosto de 1783, vinha de Goiás. Era dia de São Bartolomeu, o que inspirava mau agouro. No fim do ano, um cometa se impôs no céu e lá ficou por quatro semanas,[1] mais um mau agouro. Dom Rodrigo ofereceu ao novo governador uma de suas recepções, no Palácio de Cachoeira: queria apresentá-lo à elite local. Cunha Meneses permaneceu de pé, seguindo a etiqueta da época, assim como todos os convidados. Naquela noite, ninguém sentou.

---

[1] OLIVEIRA, Tarquínio J.B. de. Op. cit.

Era um tipo taciturno.[1] Alto, rosto comprido, sobrancelhas espessas. Disfarçava o cabelo ralo grisalho com pol-
vilho. Vestia-se bem e sua voz era rouca, mas falava pouco.
Fora contemporâneo de Gonzaga e Alvarenga Peixoto, na
Universidade de Coimbra. Os dois poetas eram advogados,
e o novo governador havia estudado medicina. Ao tomar
posse, numa cerimônia que deixou lembranças, acabara
de fazer quarenta anos.

A festa não deixou lembranças pela grandiosidade, mas
sim pelo contraste. O governador tomou posse em missa,
vestindo colete amarelo, jaqueta vermelha e chapéu. Traje
de gala. Chovia. Ao fim da cerimônia, subiu à carruagem e
foi para o Palácio do Governo. Vereadores, homens ricos,
padres e juízes o seguiram. Cunha Meneses entrou para ter
a última conversa com d. Rodrigo. Não fez gesto de convite.
Quem o acompanhou ficou à porta, sob a chuva. O novo
capitão-general pretendia ignorar o grupo da elite local
com quem seu antecessor convivera, o que deixou claro já
no primeiro dia.

As coisas em Vila Rica haviam acabado de mudar.

Um ano após a independência do Brasil, em 1823, Vila
Rica de Nossa Senhora do Pilar do Ouro Preto foi rebati-
zada como Imperial Cidade do Ouro Preto. Mas, naquelas

---

[1]   GONZAGA, Tomás Antônio. *As cartas chilenas.*

décadas finais do século XVIII, era ainda por Vila Rica que todos a conheciam. Uma cidade que teve dois nascimentos simultâneos. É uma história sobre a qual sobram mitos, e, com relação aos primórdios, os fatos realmente conhecidos são poucos.

Nos primeiros dois séculos, não se descobriu ouro no Brasil. De meados do quinhentismo em diante, bandeirantes do Sudeste, principalmente de São Paulo, mergulharam pelas antigas rotas tupis desvendando o interior. Esses exploradores eram frequentemente filhos e netos de portugueses com índias e falavam tupi. Enfeitiçados pelas lendas da Sabarabuçu, a serra resplandecente, tinham olhos só para montanhas brilhantes sem prestar atenção no ouro farto que estava ali nos rios.

É uma boa versão, mas não de todo exata. Os bandeirantes já haviam encontrado ouro em São Paulo e no Paraná, do mesmo tipo que encontraram em Minas: ouro de aluvião. Partículas muito pequenas depositadas no leito dos rios. Coletavam um pouco da terra e de fragmentos no fundo, punham na bateia com água e faziam o prato girar. O metal se concentrava no fundo enquanto a terra, mais leve, girava para fora. Reconheciam o ouro, pois já estavam familiarizados com o tipo de rio onde ele era encontrado. E, nem em São Paulo, nem no Paraná, o investimento no garimpo rendia. Era pouco metal. Muitos talvez tenham coletado alguns gramas de ouro nos rios ali na Serra do Espinhaço, hoje Minas, sem desconfiar que a fonte era farta.

Mas nem assim a incrível demora para a constatação de que havia ouro, uma quantidade inenarrável de ouro, talvez se explique. Mina de ouro que fosse descoberta pertencia a sua majestade, o rei de Portugal. Não fazia a fortuna do descobridor, trazia dor de cabeça. Embrenhados no meio do mato, os bandeirantes, embora pobres, viviam com um bocado de independência. Ouro traria governo, impostos e polícia. No final do século XVII, porém, algo mudou. "Descobrindo uma mina rica", escreveu em decreto o rei d. Pedro II, de Portugal, "esta pertencerá ao inventor".[1] Sua obrigação seria apenas a de pagar um imposto de 20% em cima do garimpado: o Quinto.

Portugal estava falido, e a mudança de postura pode ter sido um gesto de desespero do rei. Talvez a promessa de sua majestade sequer tenha tido algo a ver com a repentina descoberta. Mas, entre 1693 e 1700, uma missão após a outra começou a descobrir, nos leitos dos rios mineiros, em seus afluentes e nas nascentes, pontos e mais pontos de garimpo novos. O ouro ali não se pesava em gramas, mas em quilos. Em dezenas, centenas de quilos. Em toneladas.

Foi em algum canto da Serra do Espinhaço, lugar que meses depois ficou conhecido como Casa da Casca, que o bandeirante Antônio Rodrigues Arzão encontrou dez gramas de ouro que entregou ao governador do Espírito Santo. Talvez ficasse próximo do atual município de Caeté, na região metropolitana de Belo Horizonte. Arzão estava velho e mal. Riscou um mapa para seu concunhado, Bartolomeu Bueno de Siqueira, que retornou ao mato, fundando

---

[1]   FIGUEIREDO, Lucas. *Boa Ventura*.

acampamentos. Num deles, à margem do Córrego Tripuí, encontrou partículas de ouro de aluvião cobertas com uma fina camada de óxido de ferro, que escurecia o metal. Batizou o local de Ouro Preto.

O Córrego Tripuí, ou Ribeirão Funil, é onde nasce o Rio do Carmo, que quilômetros à frente se funde ao Rio Piranga, formando o Rio Doce. Foi também à margem do córrego que o bandeirante Antônio Dias de Oliveira fincou outro acampamento na década de 1690. Nas conversas sobre o Vale do Tripuí, a região era identificada sempre por uma pedra com cara muito particular que, em dia bom, dava para ver de longe. Um monólito grande, pendendo de um lado, e outro pequeno, como se a pedra tivesse um filho. Era chamada de Itacoromi (*Ita*, pedra e *curumim*, criança). Criança de pedra, o hoje chamado Pico do Itacolomi, entre Ouro Preto e Mariana, tem 1.772 metros de altitude.

Os acampamentos no Vale do Tripuí se multiplicavam, viravam arraiais. Não havia regra: gente chegava sem muitas posses, bateia à mão, em busca de fortuna. Na desorganização daqueles anos, a comida encareceu. Muitos garimpando, ninguém plantando o que comer. Antônio Dias deixou a região, veio uma fome que levou uns tantos. Violência e mortes: dores de crescimento. Na expansão, os arraiais de Ouro Preto e Antônio Dias se encontraram, e do encontro nasceu Vila Rica.

Entre 1698, a data que se convencionou dar para a fundação por Antônio Dias, e o ano da posse de Luís da Cunha e Meneses, 1783, Vila Rica teve inúmeras vidas. A do total improviso e a da fome. Antes mesmo de fazer dez anos, houve a Guerra dos Emboabas, violento conflito entre paulistas e portugueses pelo comando do garimpo. Não brigavam à toa: a prosperidade veio rápido, havia muito o que disputar. Em 1708, um só minerador já tinha trezentos escravos a seu serviço.[1] Nenhum trabalhava com menos de doze homens. Em 1700, o governo angariou 3,4kg de ouro pelo Quinto; dez anos depois, 48,7kg.[2] Impossível avaliar quanto não era desviado por contrabando.

Com o ouro vieram casas e ruas. Em 1720, quando Portugal decidiu criar fundições oficiais que receberiam todo o ouro, Vila Rica se levantou. O objetivo era dificultar a circulação de ouro em pó. Só as barras oficiais valeriam, centralizando o processamento do metal e dificultando desvios do Quinto. A resposta do governador ao levante foi violenta. Mandou que fosse incendiado o bairro onde nasceu a revolta, e, até hoje, o lugar é chamado Morro da Queimada. Felipe dos Santos, um dos dois líderes e o mais carismático, foi executado e teve o corpo esquartejado.

Nas primeiras décadas, o casario tinha piso de terra batida, paredes de taipa — tela de ripas preenchidas com barro —, telhado de sapê. Mas, após 1750, as casas ganharam porão com piso de pedra e tábua corrida no chão do primeiro andar. Colunas de pedra, janelas com treliças de madeira e cobertura em quatro águas com telhas cerâmicas. É o período máximo do ouro, que coincidiu com o supergoverno de

---

[1]   SALES, Fritz Teixeira de. *Vila Rica do Pilar*.

[2]   BOXER, Charles. *A idade de ouro do Brasil*.

Antônio Gomes Freire de Andrade, o 1º conde de Bobadela. Super porque teve sob seu comando Rio, Minas, São Paulo, Mato Grosso e todo o Sul brasileiro. Super também porque durou trinta anos, entre 1733 e 1763. E, principalmente, porque foi marcado por inúmeras obras. Gomes Freire reinventou a cara do Brasil colonial. O aqueduto da Lapa, no Rio, é um dos principais marcos. A cara de Ouro Preto como a conhecemos é outra.

Foi durante o governo de Bobadela que o arquiteto português Manuel Francisco Lisboa chegou a Minas e, em Vila Rica, traçou o plano da matriz de Antônio Dias, a primeira das igrejas na cidade desenhada conforme o típico barroco mineiro. Foi o filho que teve com uma escrava, porém, que transformou Vila Rica numa Florença barroca.

Antônio Francisco Lisboa, nasceu na década de 1730, morreu em 1814 e foi amigo de inúmeros inconfidentes. Arquiteto e escultor, é lembrado pela sutileza do seu trabalho em pedra sabão. "Era pardo-escuro", escreveu seu primeiro biógrafo, Rodrigo Bretas.[1] "Tinha voz forte, fala arrebatada e o gênio agastado: a estatura era baixa, o corpo cheio e mal configurado, o rosto e a cabeça redondos." Usava barba cerrada. Tinha 47 anos quando uma doença o deformou. O corpo se encurvou, perdeu dedos, pés, andava arrastado. Um escravo adaptava as ferramentas para que pudesse prendê-las ao pulso do escultor, que ficou

---

[1]   BRETAS, Rodrigo José Ferreira. *Traços biográficos relativos ao finado Antônio Francisco Lisboa.*

conhecido como Aleijadinho, o gênio de humor ácido e intratável, que deu a Minas sua cara.

Cunha Meneses queria deixar um marco naquela Vila Rica ainda em construção. Um prédio imponente que pudesse representar sua passagem. Era dado a gestos grandiosos e tinha pouca paciência para política. Se d. Rodrigo era um governador pombalino, Cunha Meneses tinha a cara da nova administração lisboeta. A estrutura de governo, para ele, funcionava bem quando se prestasse a seus objetivos. E seu primeiro objetivo era erguer um novo prédio que servisse para a Câmara e como cadeia. Em novembro, enviou pedido formal inquirindo sobre as contas da capitania. Após análise, em março de 1784 dá ordens. "É preciso que vs. ms. deliberem sobre o lugar em que se deve edificar a referida obra."[1] O tom é informal, trata por "vossas mercês" os membros da Câmara. E pedia que a decisão viesse "com a maior brevidade". Ele próprio cuidaria de enviar a planta do novo prédio e de criar uma loteria para custear o projeto.

Ainda assim, não bastava. Para derrubar o preço de construção, em vez de abrir concorrência, o governador queria burlar a lei, colocando presos sob trabalhos forçados na obra. "Vejo a dificuldade que v. m. igualmente me propõe por se achar essa Câmara com um grande empenho

---

[1]   OLIVEIRA, Tarquínio J.B. de. Op. cit.

e sem rendas para suprir a tão avultada despesa", escreve em seu parecer o desembargador Tomás Antônio Gonzaga.[1] Mas "ainda que a lei mande que as obras das Câmaras se façam por arrematações, esta lei, contudo, não deve se entender tão rigorosamente".

É um gesto de conciliação. O pombalino dentro de Gonzaga fazia com que seguisse à risca a lei. Era cartesiano, encontrava voltas dentro das regras, mas as seguia. Para que o governador tivesse seu prédio, no entanto, abriu um precedente. Mas o precedente só não bastaria, porque o governo não tinha tantos presos assim para trabalho forçado.

As tropas de ordenança, na teoria, eram uma força militar de terceira linha.[2] Uma reserva composta por soldados pobres e descuidados. Na prática, formavam a força policial dentro das cidades. Em seu comando estava o capitão-mor. Em muitos cantos da colônia, o cargo era indicação do governador. Na Minas oitocentista, era vendido por seiscentas oitavas de ouro. Pouco mais de dois quilos. E quem vestia a casaca vermelha de capitão-mor, em Vila Rica, era o velho José Álvares Maciel. Um sujeito rico, pouco dado ao trabalho e que não estava prestes a se tornar um policial exemplar.

Cunha Meneses precisava bem mais do que um policial exemplar. Precisava de um milagreiro, e o encontrou em Antônio José Coelho, capitão-mor de Cachoeira do Campo,

---

[1]   MENDES, Larissa Cardoso Fagundes. Op. cit.

[2]   PRADO JR., Caio. *Formação do Brasil contemporâneo.*

logo ali ao lado, onde ficava seu palácio de veraneio. Coelho encheu a cadeia de gente. Pequenos criminosos, escravos fugidos, quilombolas, vadios, mas também escravos que estavam na rua a serviço dos donos e outros tantos, inclusive gente livre, mas pobre, que nada tinha a ver com a história. Quase todos, negros.

Para comandar a obra, o governador pinça um segundo homem em quem deposita confiança. É José Joaquim da Silva Brum. Tinha o cargo de alferes dos Dragões como Tiradentes, mas Cunha Meneses o eleva a tenente e o faz feitor-mor. Quando a construção finalmente tem início, é Brum que leva o mundo de homens todos os dias ladeira acima e os vigia, com a chibata à mão, no trabalho forçado.

Castigo físico de prisioneiro era legal, mas seguia regras. O açoite, embora comum no trato de escravos por seus donos, era reservado pela Justiça a crimes muito graves, uma condenação próxima da pena de morte. E, ainda assim, as chibatadas eram dadas sempre na parte superior das costas, mais resistente. A construção do prédio da cadeia, no centro da cidade, transformou-se num espetáculo de horror, mesmo para os padrões brutalizados de Minas. Todos eram açoitados dia e noite, e sem cuidado para onde caíam as lambadas.

De manhã bem cedo, amarrados a ferros pelos pés e braços uns aos outros, os presos seguiam em desfile pela rua Direita, a principal de Vila Rica, passando em frente às melhores casas, como as de Cláudio e Gonzaga. Faziam o caminho já sob o estalo do chicote. *Os pobres miseráveis já nem gritam*, descreve o ouvidor-geral na terceira de suas

Cartas chilenas. Basta um estalido, e gotículas de sangue respingam. O canteiro de obras ficava exatamente em frente ao palácio do governo. *Nosso chefe à janela se pôs e a tudo assiste sem voltar o semblante para a ilharga.* Não desvia o olhar para o lado. Não se condói. Pensa no prédio, somente nele.

É para a quarta das cartas, no entanto, que o poeta reserva o pior da descrição. Trabalham todos os dias sem guardar sequer o domingo. À noite, desmontam. *Uns dormem encolhidos sobre a terra, mal cobertos dos trapos que molharam de dia, no trabalho. Os outros ficam ainda mal sentados e descansam as pesadas cabeças sobre os braços.* O cheiro daquele mar de homens amontoados entranha. Seu alimento é o mesmo milho dado aos bois. *Uns caem com os pesos que carregam. Outros ficam ali nas mesmas obras estirados.* Cadáveres largados.

A língua revela muito sobre quem um povo foi ou é, sobre seus costumes. Chicote. Chibata. Açoite. Flagelo. Relho. Vergalho. Azorrague. Látego. Pinguelim. São nove os sinônimos em português para o mesmo objeto.

Durante um século e meio, a autoria das *Cartas chilenas* foi o maior mistério da literatura brasileira.[1] São treze

---

[1] OLIVEIRA, Tarquínio J. B. de. Op. cit.

cartas, todas escritas em versos decassílabos, divididas em duas séries. Nelas, Critilo escreve ao amigo, Doroteu, narrando as histórias do corrupto governador chileno, Fanfarrão Minésio. Nunca houve dúvidas de que o Chile era Minas e, Minésio, Cunha Meneses. O texto, assinado com o pseudônimo Critilo, já circulava em Minas desde finais da década de 1780, quando o prédio da cadeia ainda nem estava pronto. Os mineiros sabiam exatamente do que o poeta falava.

Francisco Adolfo de Varnhagen, o visconde de Porto Seguro e um dos primeiros historiadores brasileiros, sugeriu inicialmente que o autor deveria ser Alvarenga Peixoto. Depois, Cláudio Manuel da Costa. O que o despistou, e despistou muitos outros antes e depois, é a singeleza dos versos de *Marília*. Um poeta tão lírico como Gonzaga não poderia ser o autor das *Cartas*, sátiras ligeiras às vezes, rasgada por um clima soturno em tantos momentos. Houve inúmeras teorias e argumentos, incluindo-se até a possibilidade de um trabalho a seis mãos dos três poetas.

Em princípios do século XIX, havia algumas cópias manuscritas em circulação. Nem todas estavam na versão final, nem todas eram completas. Uma das cópias, que nem era final, tampouco completa, terminou nas mãos do editor da revista *Minerva Brasiliense*, que tinha a ambição de publicar uma *Biblioteca Brasílica*, com textos de autores célebres. O colecionador que lhe havia passado o documento dizia ter a informação de que o trabalho era de Gonzaga. Esta primeira edição foi publicada em 1845. Até então, sua existência era um segredo cultivado em poucos círculos literários.

A edição definitiva, porém, veio pelas mãos do português Francisco Luís Saturnino da Veiga. Ainda muito jovem, quando chegara ao Brasil, morou em Vila Rica, e lá serviu como soldado de ordenanças. O mais humilde policial, talvez até sob o comando do rico capitão-mor José Álvares Maciel. Foi lá que comprou um manuscrito assinado: *Va. Rica 9 d Febr. 1789, Tomas Antt. Gonzaga*. Da capital mineira, Saturnino se mudou para o Rio, onde foi professor e depois livreiro. Parece ter tido a intenção de publicar as duas séries, chegou a organizar uma edição. Mas só quando seu neto descobriu o texto entre as velharias do avô é que o original finalizado das *Cartas* veio, enfim, a público. Ano: 1863.

Saturnino não tinha dúvidas quanto à autoria de Gonzaga. Tampouco as tinha o idoso colecionador que cedeu sua cópia ainda sem as correções finais para a primeira edição na revista *Minerva Brasiliense*. Ambos tinham, ainda na memória, informação daquele tempo em Minas, logo após as atribuladas prisões dos inconfidentes. Quando os primeiros historiadores e críticos entraram na discussão, porém, puseram o que era fato em dúvida. Em 1958, a primeira edição da *História da Literatura Mineira*, de Martins de Oliveira, ainda tratava Gonzaga como um poeta menor e o excluía da condição de provável autor.[1]

Foi justamente em 1958 que o professor português Manuel Rodrigues Lapa publicou o estudo definitivo sobre a

---

[1]   NEPOMUCENO, Luís André. *A musa desnuda e o poeta tímido. O Petrarquismo cortesão na arcádia mineira*.

autoria, corroborado poucos anos depois por Afonso Arinos de Melo Franco. Com a informação acumulada desde então sobre a história da Inconfidência Mineira e a biografia de Tomás Antônio Gonzaga, não é possível cogitar outro autor. Os temas que mais perturbam o autor das *Cartas*, afinal, são os momentos em que o governador Fanfarrão Minésio se mete nas funções do ouvidor-geral.

Ou aqueles em que ocorre certa disputa amorosa.

Dona Maria I ainda não havia enlouquecido, e o futuro d. João VI estava para fazer vinte anos quando chegou a Vila Rica, em 3 de janeiro de 1786, a notícia de que ele se casara com a princesa espanhola Carlota Joaquina. Mais que notícia, eram ordens de que ocorresse uma celebração na igreja para festejar o infante. Não seria o temperamento de Cunha Meneses, porém, rezar apenas uma ou até muitas missas. Queria uma semana inteira de festas, com jogos, peças e danças, que marcou para 13 de maio, um sábado, dia do aniversário do príncipe. Missa solene de manhã, procissão à tarde. No domingo tiveram início três dias de cavalhadas.[1]

Os melhores cavaleiros da capitania vieram, e uma pista foi aberta às margens do rio Funil. Perante ela, camarotes. No mais alto, ornado por cortinas finamente bordadas em

---

[1]   OLIVEIRA, Tarquínio J.B. de. Op. cit.

alto-relevo, pôs-se o governador Luís da Cunha Meneses. Já estava há pouco mais de dois anos no cargo e montara sua corte à parte, excluindo os outros membros da administração. Os homens que o rodeavam, selecionados ao longo daquele período, não eram o desembargador Gonzaga, que ocupava o segundo cargo mais importante do governo, tampouco os representantes do Senado da Câmara. Estes ficaram relegados a outro camarote, mais modesto, igual aos outros. Igual aos do povo.

Do camarote do governador, homens com o queixo apoiado em suas bengalas assistiam à festa. Entre eles havia uma moça. "Esperta mulatinha", descreve Gonzaga em suas *Cartas*. É filha de um dos assessores do capitão-general. Num terceiro camarote está Anselma, com vestido azul. As melhores famílias de Vila Rica vestem suas melhores roupas e joias. Há prata, ouro, pedras.

Na pista entram os cavaleiros, cada um com seu pajem ao lado. Estes trazem as lanças compridas adornadas com fitas. O público se levanta, cumprimenta, Cunha Meneses segue sentado. A cavalhada é como uma justa medieval reencenada. Os cavalos montados dão voltas em círculo, exibem-se. Soam as trompas e os tambores. Vestem fardas de gala: casaca de cor azul clara, calças cor-de-rosa.

Primeiro vão ao jogo de canas, uma versão do antiquíssimo *ludus troianus* de Roma. Cada time joga lanças contra o outro, defendem-se com pequenos escudos redondos. Atiram, então, com pistolas contra alvos no alto de postes. As lanças retornam aos cavaleiros para o último jogo, de argolinhas. Partem com seus cavalos contra postes, onde estão pequenas argolas, e, na velocidade, tentam arrancá-las. Quem consegue volta orgulhoso ao camarote do governador para presentear com o aro.

Foi na época das cavalhadas que Gonzaga perdeu Anselma. Nas *Cartas*, ele descreve um dos homens de Cunha Meneses se aproximando da moça, loura e azul em seu camarote. *Então se me figura, e ele oferta a Nise uma das flores, e que Nise com ar risonho no seu peito a prega.* Quando descreve a cena em poesia, Gonzaga sugere que é apenas um sonho. Mas não era.

Hoje, a praça ao centro de Ouro Preto se chama Tiradentes, na qual se ergue um obelisco com a estátua do mártir ao centro, devidamente barbado, no alto. Num extremo da praça está o museu da Inconfidência. Fica, talvez adequadamente, no prédio erguido por Cunha Meneses para a Câmara e para a cadeia. No outro lado fica o Palácio dos Governadores, de onde Gonzaga descreve o governador, em suas *Cartas*, assistindo às obras sem se condoer dos infelizes. É na praça que, uns oitenta anos antes, o arraial fundado por Antônio Dias e o batizado de Ouro Preto se encontraram. Para o observador no meio da praça, de frente para o Palácio, de costas para a cadeia, o lado de Antônio Dias está à direita e o lado de Ouro Preto, à esquerda.

A história da Inconfidência Mineira se passa em três núcleos de Vila Rica. O primeiro foi batizado pelo pesquisador Tarquínio José Barbosa de Oliveira como o "núcleo sentimental de Gonzaga". É o lado de Antônio Dias. A principal rua que dá na praça era chamada, à época, de Direita. Uma ladeira íngreme, como tantas outras da cidade, hoje de paralelepípedos, mas na década de 1780 calçada com pés de moleque, pedras irregulares, redondas e negras que bem lembram o doce.

Gonzaga vivia logo no início da rua. De seu jardim, nos fundos, provavelmente conseguia ver a casa de Maria Anselma. E Cláudio morava apenas uns metros abaixo. Um quilômetro além, no mesmo caminho, está a pracinha hoje chamada Largo de Marília, onde viveu a moça que um dia seria lembrada como a versão morena da musa.

O segundo núcleo é a praça central, com prisão e palácio, além do quartel onde ficavam os Dragões. O terceiro, não distante, ficava no outro extremo da cidade, no lado de Ouro Preto, na altura da rua que ainda hoje tem o mesmo nome: São José. É onde vivia Tiradentes e uma penca de contratadores, uma turma sem a qual nada funcionava na Minas de outrora.

Sem a qual não haveria projeto de independência.

Nos dias seguintes às cavalhadas, o governador promoveu peças de teatro, mas era quando a noite caía que a festa se transformava. No Palácio, tochas são acesas em cada janela. No outro lado da praça central, em frente às obras da cadeia, são elevadas quatro mil tigelinhas com óleo, também devidamente acesas. Em tempo sem eletricidade, nunca se via tanta luz após escurecer, um espetáculo para os olhos.

Mais distante, às margens do Funil, está o jardim artificial. Nele, trilhas são formadas por ramos de laranjeira deitados no chão. Há dois pequenos lagos artificiais e outras mil tigelinhas iluminando o ambiente. É ali que uma mulata vestida de homem dança o lundu. Dança sugestiva, sensual, em que os parceiros eram convidados à pista por um toque de umbigo. Umbigos, não raro, expostos. Há rebolados e movimentos sinuosos, que insinuam o ato até o gozo. E, quanto mais distante das luzes e mais tarde da noite, mais liberdade os casais encontravam nos becos.

Um dia, voltando para casa, Gonzaga depara com seu vizinho da frente. Chamava-se Manuel Teixeira de Queiroga, um dos homens de confiança de Cunha Meneses. Comerciante solteiro e rico, em geral bem-aprumado. Bêbado. Já sem meias, só chinelas que, no tempo, usavam-se apenas em casa. As fraldas da camisa para fora, bengala à mão. Bengala todos usavam no andar, era a moda. Nesta noite, Queiroga a usa para apoio, *pois a cachaça ardente, que o alegra, lhe tira as forças dos robustos membros, e põe-lhe peso na cabeça leve.* Como um joão-bobo.

Quando escreve a carta fazendo graça de Queiroga, em finais de 1788, ainda não sabia o papel que seu vizinho bêbado faria poucos anos à frente.

"Nem me atrevo a representar coisa alguma a este Exmo. General", escreveria à rainha o ouvidor-geral,[1] "por conhecer o seu notório despotismo". No fim, no registro histórico, a briga entre Tomás Antônio Gonzaga e Luís da Cunha Meneses deixou por vencedor o poeta. Um é herói nacional, listado entre os maiores escritores; o outro, por força da hábil e ferina sátira nas *Cartas chilenas*, transformou-se talvez no mais conhecido exemplo de déspota colonial. Cunha Meneses era um déspota. E governava passando por cima de todos que não lhe acatassem os desejos. Mas num ambiente brutal como o das Minas, em que a corrupção e uma boa dose de violência eram aceitas como parte do jogo, talvez a história seja injusta com o Fanfarrão Minésio. Foi um governador medíocre, mas dificilmente o pior deles em todas as colônias portuguesas, no Brasil ou mesmo em Minas.

Esperavas, acaso, um bom governo do nosso Fanfarrão? A pergunta está na quarta das *Cartas. Tu não o viste em trajes de casquilho nesta corte?* Casquilho, peralta, o mauricinho conquistador do tempo. Cunha Meneses, por certo, mas também o dandy Gonzaga. *E pode, meu amigo, um peralta formar-se de repente um homem sério?* Às vezes, o ouvidor parece falar de si próprio.

Gonzaga não foi o único em Vila Rica que criou horror ao substituto de d. Rodrigo, mas sua briga era particularmente pessoal por três motivos. O primeiro, filosófico.

---

[1]   JARDIM, Márcio. Op. cit.

Para um pombalino cartesiano como Gonzaga, que acreditava na estrutura de governo desenvolvida pelo marquês e prezava por rigor formal, Cunha Meneses era o pior tipo de administrador. Ele era irracional. Um déspota movido apenas por seus desejos, sem seguir regras. O iluminista Gonzaga tinha horror a esse tipo por filosofia, por princípio, por jeito de ver o mundo. A situação só era piorada pelo fato de o déspota passar por cima das decisões do ouvidor sistematicamente. Ignorava-o.

Em segundo, estava Maria Anselma. É impossível saber se o poeta a abandonou grávida, se fugiu ao casamento ou se foi ela quem não quis dar continuidade à relação. Pouco após o nascimento do filho deles, Anselma já estava com Cunha Meneses. Talvez fosse apenas uma moça interessada em cargos. Tinha o segundo homem mais importante da capitania. Perante a chance de ter o primeiro, abandonou-o. O governador, diz Gonzaga nas *Cartas*, forrou as paredes do quarto de sua amante com seda, pôs um painel de madeira no teto e contratou um bom artista para fazer uma pintura, à moda do tempo.

Anselma se casou no dia 6 de julho de 1788, na capela da Senhora de Santa Anna da Misericórdia, ao lado do Palácio dos Governadores. Foi uma cerimônia rápida, às 20h, com apenas duas testemunhas presentes. Rápida e estranha. O bispo dispensou os *banhos*.[1] Ou seja, não haveria o

---

[1] VILLALTA, Luiz Carlos. *Os clérigos e os livros nas Minas Gerais da segunda metade do séc. XVIII*.

anúncio público do casamento. A ninguém seria perguntado se havia motivo para impedir o matrimônio ou que
se calasse para sempre. Não bastasse, o noivo, um cabo dos
Dragões, pede uma caução fiduciária[1], uma garantia legal
de que pudesse anular o casamento caso algum acordo não
fosse cumprido. O padre advertiu os noivos de que não deveriam coabitar antes de sacramentada de vez a relação. E,
dois dias depois, voltam a se encontrar perante o mesmo
padre. O cabo havia sido promovido a alferes, e o casamento se concluiu.

Um filho de Anselma com Cunha Meneses nasceu, pro-
vavelmente, em 1786. Dele, perdeu-se o rastro. No censo de
1804, apareceu um rapaz exposto chamado Luís da Cunha
Meneses, 18 anos. Exposto: abandonado pelos pais. Aparece
também Antônio Silvério da Silva Musa, filho de Anselma e
Gonzaga. Assim como lá estava Maria Joaquina Anselma de
Figueiredo. Tinha oito filhos de seu casamento e dinheiro.
Estava bem de vida.

O despotismo de Cunha Meneses perturbava Gonzaga
filosoficamente. Ter levado sua primeira namorada a Vila
Rica o irritou, talvez até mais. E parecem, juntos, motivos
suficientes para uma briga assim, de vulto histórico. A Inconfidência ensinada nas escolas ainda se aferra à primeira razão. Muitos bons historiadores durante talvez tempo
demais oscilaram em maior e menor grau entre as duas,
abraçando ambas, variando apenas no grau. Foi preciso

---

[1]   JARDIM, Márcio. Op. cit.

que um historiador britânico, o professor Kenneth Robert Maxwell, se debruçasse sobre os lastros de documentos deixados pela administração mineira naqueles anos para pinçar, dali, uma terceira razão para o conflito.

Porque corrupto, afinal, não era só Cunha Meneses.

EQUILÍBRIO ROMPIDO

A mais impressionante casa de Vila Rica ficava a aproximadamente um quilometro além da praça, para o lado de Ouro Preto, à beira do Córrego Funil. Talvez seja a maior casa particular construída no Brasil até então. No total, três pisos, e um mirante acima de tudo. Senzala no subsolo, térreo e, de lá para o piso superior, uma portentosa escada de pedra do tipo que só existia em prédios do governo. "Tamanha abundância de cantaria", escreveu em 1938 o poeta Manuel Bandeira,[1] "não se encontra senão no antigo Palácio dos Governadores ou nos templos das ordens mais ricas". Cantaria: um dos principais marcos da arquitetura colonial e barroca, detalhes em pedra cuidadosamente esculpidos em forma geométrica para ornamento da fachada. Do mirante, pequena torre à qual se chega por escada comprida e estreita que abre para um grande salão, é possível ver

---

[1]   BANDEIRA, Manuel. *Guia de Ouro Preto.*

pelas janelas toda a cidade em 360 graus. Uma casa tão bem construída que permanece intacta ainda hoje, parecendo que o tempo não passou. Pertence ao ministério da Fazenda, bem-cuidada, está aberta à visitação pública. Atende pelo nome de Casa dos Contos. Foi, a seu tempo, digna do proprietário, o homem mais rico de toda a capitania.

Em 1782, ano da posse de Cunha Meneses, João Rodrigues de Macedo[1] tinha 37 anos e estava plenamente engajado na construção de sua casa, que seria concluída em 1785. Esse era um de seus assuntos mais constantes nas muitas cartas que escrevia para seus muitos amigos. E amigos para quem escrever cartas não lhe faltavam. Amigos e uma extensa rede de contatos por todo interior mineiro, no Rio, em São Paulo e em Portugal, o que era o segredo de seu sucesso nos negócios.

Macedo nasceu em Coimbra, numa família de ricos comerciantes. De lá, migrou adolescente para o Brasil, acompanhando o tio Antônio Rodrigues de Macedo, que vinha ocupar o cargo de provedor-geral da Real Fazenda, em Minas. João ficou no Rio, onde também tinha primos já bem-situados. Desde cedo parece ter desenvolvido a habilidade de construir redes de contatos e, por meio destas, negócios.

Nos primeiros anos, provavelmente se dedicou ao comércio. Não apenas a lojas de rua, mas principalmente à

---

[1]   RODRIGUES, André Figueiredo. *Os "extravios que tão continuados têm sido...": contrabando e práticas comerciais ilícitas nas atividades do contratador João Rodrigues de Macedo.*

distribuição de produtos pelo Sudeste brasileiro. Há cartas[1] suas tratando de carregamentos de sal e comida de toda espécie, além de pregos, enxadas, barras de ferro e couro. Não era uma logística simples. Num mundo ainda movido a pena e papel, controlava o que recebia no porto, o quanto de cada seguia e com que tropa iria para as capitanias. Dentro de cada uma, como as cargas eram redistribuídas por arraiais e vilas, em que loja parariam. Havia imposto de circulação, chamados de Entradas, a recolher cada vez que a fronteira de uma capitania era cruzada.

As Entradas fariam sua fortuna e também sua ruína.

Pagava-se muito menos imposto naquela época do que atualmente, embora esta comparação não seja de todo justa. O governo quase não prestava serviços públicos como conhecemos hoje em dia, mesmo que precariamente. Qualquer nova obra pública exigia seu próprio imposto ou loteria para custeio. As principais taxas eram o Quinto, as Entradas e o Dízimo. Entre 1720 e 1807, Portugal recebeu 150 mil toneladas de ouro, ou sessenta mil contos de réis, em tributos pagos por sua colônia brasileira.[2] Desse total, dois terços vieram de Minas. A proporção de cada imposto era

---

[1] CARRARA, Angelo Alves. *A administração dos contratos da capitania de Minas: o contratador João Rodrigues de Macedo, 1775-1807.*

[2] CARRARA, Angelo Alves. Op. cit.

também muito diferente. Entre o início de 1762 e o fim de 1764, Portugal arrecadou em Minas o equivalente a 549 quilos de ouro em Dízimos, 1.403 quilos em Entradas e 2.950 quilos pelo Quinto. O Quinto correspondeu, portanto, ao dobro do arrecadado com Entradas, seis vezes mais do que o Dízimo. Não só representavam proporções distintas, como tais impostos eram também tratados de forma muito diferente. O arrecadado pelo Quinto era repassado diretamente ao rei, que podia fazer dele o que bem desejasse. O Dízimo pertencia à Igreja, e as Entradas, à máquina do governo.

As Entradas, o imposto sobre circulação de mercadorias, eram pagas quando o produto entrava ou saía de uma capitania. As tropas de carga, com seus burros, cavalos e bois, passavam por um de três postos fiscais em Minas. No caminho para São Paulo, pelo registro do Rio Grande; no da Bahia, pelo das Abóboras; e, para o Rio, pelo posto do Caminho Novo. A partir da segunda metade do século XVIII, o porto do Rio de Janeiro, já capital, passou a ser responsável por três quartos da arrecadação. É pelo registro do Caminho Novo que vinham praticamente todos os escravos, sal e ferramentas.

As Entradas eram cobradas de acordo com o peso da mercadoria. Havia uma taxa específica por escravo, outra para cada cabeça de gado, uma terceira pelo quilo de molhados (comida), e ainda um valor pelo quilo de secos (outros produtos).

A coleta desses impostos não era uma operação simples. Contrabandistas criavam inúmeros caminhos mato adentro para não passar pelos registros. Um dos principais trabalhos do Exército era justamente patrulhar as matas, informar-se sobre novas rotas, coibir como fosse possível o contrabando.

Durante boa parte do século, a administração colonial achou por bem terceirizar a cobrança de Dízimos e Entradas. Para isso, abria uma concorrência na qual vendia cada contrato dividido em triênios. Os concorrentes faziam lances: quem oferecesse mais, levava. O contratador ficava responsável por, ao fim do prazo de três anos, pagar ao governo aquilo que combinara. Se tivesse arrecadado menos, prejuízo. Se a arrecadação fosse maior, daí vinha o lucro. Não operava, porém, sem fiscalização. Em cada registro havia um funcionário do contratador e outro, fiscal, que respondia à Real Fazenda, além de contar sempre com o apoio de soldados. Os contratadores, quando já não o eram, tornavam-se rapidamente homens ricos e poderosos, com imenso status. Nenhum, porém, operou com números tão altos quanto João Rodrigues de Macedo.

Para um homem como Macedo, havia inúmeras vantagens em se mudar do Rio para Vila Rica e, lá, tornar-se contratador. O dinheiro e a oportunidade de maior riqueza estavam em Minas, e o status adquirido ampliaria suas possibilidades comerciais. Além disso, responsáveis pela coleta das Entradas, no período de vigência de seus contratos, ficavam isentos do tributo.[1] Poderia trazer mercadoria sem pagar imposto. Em 1775, já na capital mineira, arrematou de uma só vez o contrato de Entradas para o triênio 1776 a 1778 em Minas, São Paulo, Goiás e Mato Grosso, e o de Dízimos para o período entre 1777 e 1783. Venceria, adiante, o contrato de Entradas para o triênio seguinte, de 1779 a 1781, postergando o prazo de quitação com o fisco em mais três anos. Talvez tenha tido ajuda no leilão, pois seu tio fora responsável pela Fazenda. Entretanto, dificilmente outro estaria disposto a pagar além do valor de sua proposta.

As mais graves crises econômicas demoram a ficar claras mesmo para os principais envolvidos ao final de um período de pujança. Ainda estão na adrenalina do ciclo; não veem que terminou. Lisboa estabelecia que o Quinto deveria bater anualmente cem arrobas de ouro. Desde 1762, a quota não era paga por inteiro. No reino, as autoridades não hesitavam em responsabilizar contrabando, sonegação e desonestidade pelo déficit. O ouro superficial e o de aluvião, porém, estavam acabando. Minas ainda era rica, mas a fartura diminuía rapidamente. Com a queda de rendimento nos pontos de garimpo, começou a circular menos ouro em pó pela capitania. Havia, literalmente, menos dinheiro em circulação. Enquanto isso, a oferta de Macedo pelos contratos de tributos correspondia a uma média de arrecadação anual maior do que qualquer outra feita até

---

[1]   FONSECA, Paulo Miguel. *O contratador João Rodrigues de Macedo: ações e transações através da prática epistolar no século XVIII.*

então.[1] Nos anos seguintes, antes do prazo para quitação perante a Fazenda do contrato, ele arrecadaria quantias inimagináveis de dinheiro. Dinheiro farto, muito farto, em suas mãos. Mas muito rápido começou a perceber que, caso o ritmo se mantivesse, não teria como quitar a dívida.

"O [rendimento] foi muito diminuto", escreveu a um de seus empregados no início de 1776. "Deus permita que os seguintes sejam mais avultados". Não ficou parado torcendo. Se estava angariando menos do que esperava, havia de ser por contrabando, o qual teria um de dois caminhos: ou as cargas passavam pelo registro e seus funcionários, desonestos, se permitiam subornar, ou seguiam por trilhas clandestinas. Um administrador seu escreveu a outro funcionário: "Deixa passar bestas e cavalos com diminuta carga para por este modo deixarem os que passam de pagar os direitos devidos. " A um oficial dos Dragões, que o auxiliava patrulhando em busca de contrabandistas, escreveu outra carta: "Fico a vm. [Vosmecê] muito e muito agradecido a tantos benefícios quantos mostra o seu zelo e atividade em benefício de meu contrato, e estou certo continue vm. a me favorecer, evitando tudo quanto me for de prejuízo, assim como cobrar os créditos que lhe entregou o dito Vicente Vieira, e segurar os direitos do gado que deixou passar Félix Saraiva".[2] O oficial era o alferes Joaquim José da Silva Xavier, o Tiradentes.

---

[1]   CARRARA, Angelo Alves. Op. cit.

[2]   RODRIGUES, André Figueiredo. Op. cit.

Macedo era um sujeito simpático e afável, até generoso. Benquisto. Usava tanto seu prestígio quanto seu dinheiro para distribuir favores. Como tinha família em Coimbra que pudesse intermediar o repasse, pagava bolsas para estudantes mineiros, alguns dos quais de famílias pobres. Fazia também empréstimos pessoais. Emprestava para pobres e para ricos. Dos três poetas, dois, tanto Alvarenga Peixoto quanto Gonzaga, lhe deviam. Até a governadores emprestou. Cláudio era seu advogado. Havia generosidade, mas também havia método. Com tantos lhe devendo favores ou dinheiro em tantas esferas, formara uma teia de defesa de seus interesses. Em seu ramo, precisava de amigos em cada posto de cobrança, em cada loja de secos e molhados, assim como precisava deles nas mais altas esferas. Na Justiça, na Junta de Fazenda e no Palácio do Governo. Era um homem profundamente endividado, mas tinha amigos.

A casa de Tiradentes, em Vila Rica, ficava a menos de cem metros do belo solar de Macedo. A relação de confiança entre ambos, o contratador e o alferes, se desenvolveu desde cedo. Silva Xavier conhecia profundamente os caminhos de Minas e era, portanto, muito útil ao homem mais rico da capitania, que dependia desse conhecimento.

Aquele quarteirão onde viviam era o centro financeiro e fiscal da capitania. Quando terminada a casa de Macedo, ele recebia na área residencial do segundo andar seus amigos para saraus literários e musicais, conversas sobre política ou mesmo partidas de gamão. O térreo, porém, era a área de maior circulação de pessoas. Lá ficavam balanças, notários e guichês de pagamento. Produtos que Macedo escoava para suas inúmeras lojas na capitania ou para vendas de secos e molhados de outras pessoas passavam pelo controle ali. Dívidas de impostos também eram quitadas por lá. A estrutura de coleta de tributos que criou foi tão bem-estruturada e documentada que, ainda em finais do século, Macedo cobrava retroativamente dívidas de Dízimos e Entradas daquele período.

Porque tanta coisa se resolvida ali no térreo, logo o prédio ficou conhecido por Casa do Real Contrato. E, justamente porque tanto da vida comercial se resolvia naquele térreo, a casa de Macedo se tornou um dos principais pontos de encontro de homens de negócio e militares em Minas. Não bastasse, naquela pequena região da cidade, à beira do Funil, no início da rua São José, viviam ainda o intendente da Junta da Real Fazenda, Francisco Monteiro Bandeira, além de outros dois contratadores. Em frente a Macedo, Domingos de Abreu Vieira e, atravessando a ponte, José Pereira Marques. Tiradentes tinha boas relações com todos os contratadores e, em 1786, quando nasceu a filha do alferes, Abreu Vieira foi padrinho.

O intendente da Junta da Real Fazenda, Francisco Monteiro Bandeira, e José Pereira Marques são personagens da pior briga entre o ouvidor-geral Tomás Antônio Gonzaga e o governador Luís da Cunha Meneses.

Em 1784, o escrivão da Junta era um velho português chamado Carlos José da Silva, pai de muitos filhos e de um tipo raríssimo: honesto.[1] Ocupava desde 1771 um cargo burocrático que lhe permitia algum poder de voz na autarquia mais corrupta do Brasil colonial, lugar que controlava todo o dinheiro que entrava nos cofres públicos de Minas. Naquele ano, estava para vencer um contrato, e o escrivão honesto, que nunca enriqueceu, propunha que o imposto voltasse a ser administrado pelo governo. Seu argumento não poderia ser mais simples. Em todos os momentos nos quais a Fazenda administrou Entradas e Dízimo, saiu no lucro.[2] Os contratadores, ele sugeria, eram uma dor de cabeça desnecessária.

Gonzaga e Cunha Meneses tiveram um raro momento de acordo. Ambos deram parecer contrário ao escrivão. O governador, de seu lado, queria repassar contratos para Pereira Marques e o jovem Joaquim Silvério dos Reis, enquanto Cunha Meneses tinha argumentos fortes. Foram muitos os processos legais que envolviam João Rodrigues de Macedo, nenhum decidido em favor do governo. Sempre representado pelo advogado Cláudio Manuel da Costa, quando os processos de Macedo chegavam à mesa do desembargador Gonzaga, ele vencia. Vencia quando pedia o confisco de bens daqueles que lhe deviam e quando hesitava em pagar à Coroa sua própria dívida. Ouvidor e intendente perderam a batalha; não era só uma briga política. Nos três anos seguintes, quaisquer ganhos pela corrupção

1   JARDIM, Márcio. Op. cit.

2   MAXWELL, Kenneth. *A devassa da devassa.*

paralela que os contratos permitissem não passariam pelas mãos dos dois ou da elite mineira.

Não foi o único momento em que uma disputa com o governador por nomeações a cargos específicos custou a Gonzaga e seu grupo muito dinheiro. A capitania de Minas Gerais era dividida em quatro comarcas. A oeste, Rio das Velhas; ao sul, Rio das Mortes; a leste, Vila Rica; e, ao norte, Serro Frio. Em Serro Frio estava a região do Distrito Diamantino, considerada de especial interesse para a Coroa. Tecnicamente, estava fora da jurisdição do governador. Mas Cunha Meneses trocou os comandantes militares locais. O capitão brasileiro Baltasar José Mayrink,[1] pai da futura Marília morena, foi substituído pelo tenente português José de Sousa Lobo e Melo. E o capitão, também português, José de Vasconcelos Parada e Sousa assumiu o comando da tropa do Exército local. O governador não tinha autoridade para fazer esses movimentos, assim como tecnicamente não poderia ter imposto os nomes dos contratadores de 1784. Mas ele o fez. Quando um fazendeiro rico e contrabandista conhecido chamado Basílio de Brito foi preso e encaminhado para Vila Rica, Cunha Meneses deu ordens para soltá-lo. Tampouco tinha autoridade legal para isso. E o comando de prisão partira de Gonzaga. Autoritário, o governador passava por cima do ouvidor sem pudores.

---

[1] GONÇALVES, Adelto. *O inconfidente que virou santo: estudo biográfico sobre Salvador Carvalho do Amaral Gurgel.*

Quem estava proibido por Cunha Meneses de pisar na capitania, por outro lado, era o padre José de Oliveira Rolim. O pai de Rolim foi, em seu tempo, intendente dos Diamantes, autoridade máxima na região. Era tempo passado. O jovem padre Rolim, por sua vez, era contrabandista igualmente conhecido, capaz de fazer sumir enormes quantidades de pedras. Amicíssimo do compadre contratador de Tiradentes, Domingos de Abreu Vieira, por intermédio de quem enviava joias de presente para o ouvidor Gonzaga.[1]

Dois processos simultâneos estavam ocorrendo. Durante o governo do marquês de Pombal, brasileiros tiveram acesso a cargos-chave da administração colonial. Agora, estavam sendo substituídos paulatinamente por portugueses. Mesmo quando os substitutos não eram nascidos no reino, suas fidelidades não estavam voltadas para a elite local. A mudança, porém, não representou ganho de eficiência administrativa, menores índices de corrupção ou mesmo aumento de repasses em impostos para Portugal. Foi uma troca de guarda. A corrupção mineira, nascida das propinas pagas pelos contratadores ou pelo contrabando de ouro e pedras, mudou de mão, e a elite local, com a qual Tomás Antônio Gonzaga rapidamente se envolveu, foi driblada.

Conflito aberto como aquele entre governador e ouvidor, com muitas cartas queixosas de parte a parte enviadas para Lisboa, faziam parte da lógica portuguesa de governo.

---

[1]   MAXWELL, Kenneth. Op. cit.

Enquanto um reclamava do outro, ouvindo as queixas de ambos, o poder central extraía alguma noção a respeito do que realmente acontecia. E, das confusas acusações de ambos, o secretário de Estado da Marinha e do Ultramar, Martinho de Melo e Castro, buscava a resposta para o problema que realmente o afligia: por que Minas não cumpria as metas de repasse de ouro? A resposta que o convencia cada vez mais: corrupção. E, na disputa entre Cunha Meneses e Gonzaga, pela percepção de Lisboa, o poeta perdia. Anos mais tarde, ainda antes de descoberta a Inconfidência, Melo e Castro descreveria[1] o desembargador como um "magistrado venal, interessado mais nos emolumentos que na rigorosa e imparcial distribuição da Justiça". Um juiz em busca de propinas.

Enquanto isso, em Minas, as continuadas trocas de pessoas nos lugares-chave feitas por Luís da Cunha Meneses deixaram ainda uma vítima final. O alferes Joaquim José da Silva Xavier, comandante da patrulha na Serra da Mantiqueira, que tão útil havia sido para o contratador João Rodrigues de Macedo, perdeu também seu posto de comando. Suas fidelidades estavam voltadas para o partido errado.

As principais características de Tiradentes eram sua capacidade de improviso e a paixão quase irracional. Sua

---

[1] FRIEIRO, Eduardo. *Como era Gonzaga?*

educação formal se limitava ao que chamavam de classe primária: leitura, escrita e operações fundamentais.[1] Mas, cercado por uma família de gente culta, certamente aprendeu muito mais. Tinha uma imensa capacidade de aglutinar informação, movida por inata curiosidade. Durante a vida, lançou-se em inúmeras carreiras e se saiu respeitado pelo domínio técnico em muitas. Não se continha. Falava alto e apaixonadamente com todos sobre o que fosse. Ficava até tarde nas tabernas e, pelo menos uma vez, se envolveu em briga.

Joaquim José da Silva Xavier nasceu provavelmente em 1746,[2] na Fazenda do Pombal, que pertencia a seus pais, na vila de São João del-Rei, comarca de Rio das Mortes. O pai era português, Domingos da Silva Santos, e a mãe, Antônia da Encarnação Xavier, mineira. Pertenciam à primeira geração dos que vieram embalados pelos sonhos de fortuna. Esta não veio, mas melhoraram de vida. Na fazenda dos Silva Xavier trabalhavam 35 escravos, tanto na lavoura quanto em mineração. No total, tiveram sete filhos, dos quais Joaquim José foi o quarto.

O menino tinha nove anos quando Antônia morreu e onze quando perdeu também o pai. Os dois irmãos mais velhos já estavam encaminhados para o Seminário de Mariana e se fizeram padres, assim como seus inúmeros primos. As outras crianças foram distribuídas entre parentes

---

[1]   JOSÉ, Oliam. *Tiradentes.*

[2]   JARDIM, Márcio. Op. cit.

próximos. No primeiro momento, Joaquim José viveu com uma tia em São José del-Rei, cidade que hoje tem por nome seu apelido, Tiradentes. Logo foi assumido pelo tio e padrinho Sebastião Ferreira Leitão, que, além de minerador, era cirurgião-dentista registrado. Foi com ele que o futuro alferes aprendeu sua primeira profissão.

Devia ter dezoito, talvez dezenove anos, quando deixou a casa do tio. Conheceu muito Minas Gerais em longas viagens como tropeiro, levando e trazendo gado e mercadorias, no circuito Rio, Minas, Bahia. Conheceu a serra e o sertão, os caminhos regulares e os alternativos. Não eram raros os momentos em que sua destreza como dentista era convocada para o trato tanto de escravos quanto de senhores. Anos depois, perante o tribunal, diria que "conhecia muita gente em razão da prenda de pôr e tirar dentes". Um padre testemunhou[1] que ele "tirava dentes com a mais sutil ligeireza e ornava a boca de novos, feitos por ele mesmo, que pareciam naturais".

Eram poucos os médicos na capitania, menos ainda os aptos a lidar com problemas dentários. Em finais do setecentismo, a medicina estava mais próxima da Idade Média do que dos séculos XX e XXI. Muitos dos principais avanços não haviam ocorrido, e doenças eram males cercados de mistérios. Algumas das aflições que as pessoas mais se queixavam[2] são difíceis até de classificar com certeza. Eram

---

[1]   *Autos de devassa da Inconfidência Mineira*, vol 9.

[2]   CARVALHO, Igor Guedes. *A outra face dos feiticeiros.*

comuns a espinhela caída, uma dor constante na região lombar acompanhada de indisposição, e o quebranto, um estado de profunda tristeza e apatia. Igualmente comuns eram febres e doenças venéreas.

Na falta de médicos, recorriam a feiticeiros africanos ou a cirurgiões-barbeiros. Os barbeiros, frequentemente, eram bem-intencionados e se dedicavam com afinco. Aprendiam com médicos formados, com os livros que lhes caíam nas mãos, mas também com a gente velha que conhecia as plantas de curar. Pelo menos dois livros de medicina escritos por barbeiros, em Minas, circulavam na capitania: o *Erário mineral* e o *Governo de mineiros*.[1] Além desses, o manual do médico português João Curvo Semedo era também muito conhecido. Sangravam muito, principalmente para curar febres. Mas já havia entre os barbeiros os céticos com a técnica.

Tiradentes foi um desses homens práticos. Era sócio, em Vila Rica, de uma botica. Uma farmácia onde tinha uma coleção de ervas, raízes e os mais diversos pós para inúmeros males. Preparava ele próprio unguentos. Entre os ingredientes mais populares, quinina — um pó branco amargo extraído da casca da árvore peruana Cinchona; assa-peixe — uma erva — serviam no combate à febre, e salsaparrilha, outra erva, combateria doenças venéreas.

Sua maior habilidade estava mesmo na extração de dentes. Trazia o conjunto de ferrinhos em uma pequena caixa de madeira para arrancá-los e recomendava que,

---

[1]   FURTADO, Júnia Ferreira. *Barbeiros, cirurgiões e médicos na Minas colonial.*

após a extração, os pacientes bochechassem uma infusão de malva ou folhas de batata-doce com sal.[1] Essa solução combateria infecções. Provavelmente confeccionava, como era típico da época, os dentes substitutos com ouro, osso de boi ou marfim, cuidadosamente esculpidos. Os relatos que ficaram sobre a qualidade de suas próteses lhe são generosos, mas a tecnologia à disposição não permitia que se fizessem dentes realmente confortáveis. Incômodos, eram amarrados com finos arames aos dentes do lado, e os de osso ou de marfim escureciam após um ano de uso.[2]

Largou a vida de tropeiro em 1775, quando já conhecia Minas inteira. O governo da capitania estava organizando a tropa paga: um exército regular, pago pelo erário, profissional. Os oficiais deveriam ser homens brancos e de boas famílias. E Silva Xavier estava entre os admitidos. Foi designado como alferes, atual segundo-tenente, respondendo ao capitão Baltazar João Mayrink na Sexta de oito Companhias de Cavalaria Regular. (É o mesmo Mayrink pai de Marília morena que uns anos depois foi substituído por Cunha Meneses no Distrito Diamantino.)

O alferes passou os primeiros anos de sua carreira militar no Rio, enviado como reforço. Estava de volta a Minas em 1780, para assumir o comando de patrulhas de contrabando, mas foi no ano seguinte que recebeu, do governador d. Rodrigo José de Meneses, sua missão mais importante.

---

[1]   JOSÉ, Oliam. Op. cit.

[2]   WYNBRANDT, James. *The Excruciating History of Dentistry.*

Em 1781, um bom naco da Serra da Mantiqueira era proibido ao tráfego e à exploração.[1] No mapa, era mato fechado. Na realidade, uma terra com muito ouro explorada ilegalmente por mineradores comandados pelo rico fazendeiro José Aires Gomes. Gomes estava absurdamente rico e era provavelmente o maior dono de terras da capitania; além de sócio e fiador do contratador João Rodrigues de Macedo. Os negócios e os interesses de ambos andavam em paralelo. A própria decisão, pelo governo, de proibir a circulação na área havia nascido anos antes mediante suborno. E, enquanto ia sendo garimpado ali, aquele ouro tecnicamente não existia, era livre de quaisquer impostos.

Aires Gomes, porém, não ficou solitário por muito tempo. Os rumores de que havia ouro atraíam gente de toda a capitania. Quanto mais gente vinha, mais trilhas se abriam. Estas, por sua vez, facilitavam não apenas o garimpo ilegal, mas toda sorte de contrabando, criando rotas alternativas ao Caminho Novo, que ligava Vila Rica ao Rio de Janeiro. Havia limites, e, para d. Rodrigo, a solução foi legalizar o processo. Liberar o uso da área, distribuir títulos e direitos de exploração a quem já estava ali e, principalmente, abrir uma estrada oficial.

O alferes Joaquim José da Silva Xavier, comandante da patrulha do Caminho Novo, foi responsabilizado pela

---

[1]   RODRIGUES, André Figueiredo. *Os sertões proibidos da Mantiqueira: desbravamento, ocupação da terra e as observações do governador dom Rodrigo José de Meneses.*

obra. Um ano antes, ele havia aberto outra estrada entre Sete Lagoas e Paracatu, encurtando o trajeto que exigia volta maior. Dentista, barbeiro, militar, agora também engenheiro — um improvisador que aprendia rápido. A nova estrada sob sua responsabilidade cruzava perpendicularmente o Caminho Novo, que ligava o Rio a Minas, bem próximo da fronteira entre as duas capitanias. Saía da região chamada Porto do Meneses, atual Além Paraíba, seguindo paralela ao Paraíba do Sul, até pouco depois da atual Rio-Belo Horizonte.

Tiradentes, que já era ligado a João Rodrigues de Macedo, também se aproximou do sócio fazendeiro do contratador. Enquanto a estrada legal era aberta, partia acompanhado de seus soldados e de José Aires Gomes pelas trilhas ilegais, em busca de assaltantes. Nesse período, o alferes escreveu a d. Rodrigo. Ele "se acha com fábrica avultada de escravos", explicou, "sem terras minerais para o poder fazer, e no porto do Meneses se acham terras devolutas". Tiradentes tinha muitos escravos e pouco serviço para eles. Ganhou o direito de explorar seis sesmarias, favor de todo especial. Pela letra da lei, o governo não doava mais do que uma sesmaria por pessoa, Tiradentes, porém, tinha os amigos certos.

Não eram as únicas terras do alferes, dono ainda de outras três sesmarias em São João del-Rei, mas possivelmente a mineração se mostrou lucrativa,[1] pois, nos anos seguintes,

---

[1]   RODRIGUES, André Figueiredo. *A fortuna dos inconfidentes*.

pôde fazer empréstimos que seu soldo de segundo-tenente não comportaria. Permitiu-lhe também comprar um terreno em região nobre de Vila Rica, onde ergueria sua casa.

Os anos após as obras para a abertura da estrada, seguidos da posse de Luís da Cunha Meneses, marcam um período transformador na vida do alferes. Afastado do comando na Mantiqueira, é quando faz a casa na rua São José, logo após a Ponte Seca, próxima ao solar de Macedo. É também quando se aproxima de uma moça chamada Antônia Maria do Espírito Santo. Em 1786, quando ela tinha entre dezesseis e dezessete, nasce a filha do casal, que Tiradentes registra como Joaquina. Prometera casamento, não o concretizou.

É também um período de amargura. A um tempo, quis casar bem,[1] com uma sobrinha do padre contrabandista Oliveira Rolim, não aconteceu. Com Cunha Meneses no governo, viu inúmeros de seus pares militares ganharem promoções, enquanto ele próprio continuava alferes. Um cargo de oficial, porém condenado à média hierarquia. Não era um homem pobre; tinha mais do que os pais. Seus amigos estavam entre alguns dos homens mais poderosos da capitania. Parecia, no entanto, congelado. Incapaz, por mais que fizesse, de se mover, de subir na vida.

Por volta de 1786-87, Tiradentes era um homem em busca de mudança.

---

[1]   MAXWELL, Kenneth. Op. cit.

O ouvidor-geral Tomás Antônio Gonzaga perdeu uma mulher, a autoridade e a renda por conta do governador Luís da Cunha Meneses. Os amigos influentes do contratador João Rodrigues de Macedo começaram a perder influência. O advogado Cláudio Manuel da Costa, por exemplo. O riquíssimo fazendeiro José Aires Gomes era fiador de Macedo. Se este ia mal, ele também ia. O padre José de Oliveira Rolim, contumaz contrabandista, se tornara um homem perseguido. Desde a obra da cadeia, o velho capitão-mor de Vila Rica, José Álvares Maciel, era ignorado. O alferes Joaquim José da Silva Xavier se ressentia de ter sido preterido em postos e promoções, e, entre os militares, não era o único descontente.

Os níveis de desconforto ou descontentamento não eram uniformes. Cláudio conseguia transitar ainda, embora com menos espaço. Macedo e Aires Gomes continuavam ricos, e, em algum momento, um governador novo viria. Tudo poderia mudar novamente.

Entretanto, ameaçando todos esses homens, não eram apenas interesses pessoais que saíam afetados. Era um sistema econômico, uma rede de interesses comuns. O equilíbrio de uma elite. Descontando-se as miudezas, as desonestidades de um tempo com outros padrões, para além da expectativa de um novo governador e de novos ares, outro ângulo também começava a ficar claro: como era frágil aquele equilíbrio. Porque, perante o absolutismo, bastava o desejo do governador indicado por sua majestade, e não havia poder, dinheiro ou prestígio que fizesse frente. Minas, assim como todo o Brasil, era colônia. E colônias se submetem ao desejo da metrópole.

Era um fato do qual não podiam fugir. Uma verdade estanque, indelével, concreta, quase opressora que valia para cada um daqueles homens.

À FLOR DA PELE

O padre José da Silva e Oliveira Rolim não tinha um pingo de caráter. Quando o governador Luís da Cunha Meneses decidiu por expulsá-lo de Minas, em 27 de junho de 1786, fazia tudo parte da estratégia de substituir a elite brasileira por homens de sua confiança, principalmente no distrito diamantino. Mas a decisão não surpreendeu ninguém. Aos 39 anos, Rolim era um homem alto e magro, o rosto comprido marcado por uma cicatriz na face direita. Barba castanha, alguns fios brancos. Testa alta, sobrancelhas arqueadas, lábios grossos, grandes. Os dentes, amarelados, eram tortos, "cavalgados uns sobre os outros", descreveria anos depois alguém que o conheceu.[1] Quando estudante no seminário de São Paulo, levou "uma vida dissoluta", segundo depoimento do governador local. Era contrabandista conhecido

---

[1]   JARDIM, Márcio. Op. cit.

e poderoso. Falsário de moedas.[1] Agiota. De natureza violenta. Lascivo. Fez-se padre para se livrar dum processo por assassinato. Seus três irmãos estudaram em Coimbra. Rolim, não; falava errado e escrevia mal.

No entanto, tinha amigos e dinheiro. Homens poderosos, como o contratador João Rodrigues de Macedo ou o fazendeiro José Aires Gomes, podiam ter mais dinheiro nominalmente, mas Rolim tinha diamantes, dinheiro líquido, à disposição. Tinha também uma incrível influência na região do Tejuco. A mulher com quem teria cinco filhos, Quitéria Rita, era filha de Chica da Silva e do desembargador João Fernandes de Oliveira. Tanto a história de sua família quanto a de sua mulher se confundiam com a história local. Eram gente do Serro, conhecidos no Serro, e é no Serro que todas as características econômicas, sociais e culturais das Minas setecentistas se exacerbavam.

O arraial do Tejuco, atual Diamantina, ficava no meio do caminho entre Vila Rica e o grande sertão, das veredas na direção da Bahia. A temperatura no alto da Serra do Espinhaço é mais baixa, entre catorze e 27 graus. As tempestades, mais violentas. A exuberância da mata atlântica presente em todo o sul mineiro já não está mais ali. O chão é arenoso e ácido; as plantas, mais baixas e menos verdes. Há

---

[1]   STARLING, Heloísa Maria Murgel. Op. cit.

espinhos e bromélias cheias d'água, gramas e líquens multicoloridos. Se essa vegetação — os campos rupestres — ainda não chega ao sertão árido de Guimarães Rosa, é impossível não perceber que essa já é outra Minas. O horizonte é marcado por inúmeras montanhas negras, pontiagudas. E o próprio Tejuco se espalhava de forma distinta. Não era, como todos os outros arraiais e vilas mineiros, um traçado irregular, aleatório, de ruas e becos. O Tejuco era quadrangular. Concentrado. Quando entrava o quarto final do século XVIII, lá havia 510 casas, dezenove ruas, sete becos e 884 moradores livres.[1]

O Tejuco não era a capital da comarca do Serro Frio. Vila do Príncipe, a sede administrativa, ficava a sessenta quilômetros. Mas desde a década de 1730 a população do Tejuco já ultrapassara em muito a da vila. Oficialmente, os diamantes foram descobertos em 1729, quarenta anos após o início da mineração de ouro. Como tudo em Minas, porém, a oficialização da descoberta, o anúncio feito para Lisboa, deu-se quando a migração de aventureiros para aquela região já era tão grande que disfarçar se tornou impossível. No primeiro momento, Portugal permitiu a todos com escravos que buscassem pedras. Mas o surto de oferta no mercado europeu foi tão grande que fez despencar o preço. Assim, em 1734, o governo decidiu suspender a mineração e criar uma região especial, a Intendência Diamantina com o Tejuco no centro, que seguiria regras próprias,

---

[1]   FURTADO, Júnia Ferreira. *Chica da Silva e o contratador dos diamantes.*

em nada parecidas com as do ouro no resto da capitania. Uma região administrada diretamente por Lisboa.

Quando a busca por diamantes foi finalmente restabelecida, em 1740, uma única empresa privada foi autorizada a recolher as pedras. Portugal queria controlar a oferta para manter o preço alto. A escolha do explorador se dava por leilão renovado a cada quatro anos. Naquele ano, o primeiro a vencer o contrato foi o português João Fernandes de Oliveira, sargento-mor que chegara fazia pouco tempo ao Brasil. Em 1744, Oliveira tornou a vencer a concorrência. No período seguinte, já rico, voltou para a Europa. Jamais deixou de ter contatos por ali. Assim, em 1753, montou uma sociedade com dois brasileiros para arrematar o quarto contrato. E o quinto, entre 1759 e 1761. Para representá-lo no Brasil perante seus sócios, Oliveira enviou seu filho e homônimo, um desembargador de 26 anos, que se mudou para o Tejuco em 1753. O jovem João Fernandes de Oliveira arremataria em sociedade com o pai o sexto e último contrato leiloado por Lisboa, uma edição especial que durou os nove anos entre 1762 e 1771. Entre os dois Oliveira, pai e filho, esteve o monopólio dos diamantes pelo mais rentável quarto de século desse negócio na história brasileira.

Oliveira, o filho, viveu seus dezoito anos de Brasil numa elegante casa de dois andares, no arraial do Tejuco, onde hoje funciona o bispado de Diamantina. No térreo funcionava a Casa do Contrato. Lá, semanalmente, os diamantes eram pesados perante o contratador, o intendente de diamantes, o tesoureiro, o concessionário e dois funcionários do governo. O peso era devidamente registrado, e as pedras, guardadas numa arca com três chaves. Cada um tinha uma delas. Anualmente, a arca era levada sob escolta armada para o Rio e, de lá, para Lisboa.

O pai do padre Rolim foi tesoureiro. Fazia parte daquela primeira geração de exploradores, uma elite que rapidamente dominou o negócio dos diamantes e enriqueceu. Ele, assim como o desembargador João Fernandes de Oliveira e alguns poucos outros, simbolizaram um período de extrema riqueza. Eram da classe mercante favorecida pelo governo Pombal. Ainda décadas depois, as memórias daquele tempo se mostraram tão marcantes que terminaram por transformar a mulher do jovem desembargador num dos maiores mitos mineiros. Tão grande quanto o próprio Tiradentes. E, assim como no caso do alferes, um mito talvez mais marcado pela fantasia do que pelos fatos.

Chica da Silva nasceu no arraial do Milho Verde, não longe do Tejuco, entre 1731 e 1735. Sua mãe era uma escrava africana; o pai, português. Não nasceu Chica da Silva: nasceu Francisca Parda. Assim davam nome aos escravos. Se vinham da África, ao prenome se incluía a região de origem: Antônio Mina, Maria da Angola, da Guiné.[1] Quando nascidos no Brasil, os sufixos geográficos eram substituídos

---

[1]   SOARES, Mariza de Carvalho. *Mina, Angola e Guiné: nomes d'África no Rio de Janeiro Setecentista.*

por designação de pele. Crioula, Mulata, Parda ou Cabra. As Cabras tinham sangue índio e negro. As Crioulas eram negras. As Pardas tinham o tom de pele mais claro. As Mulatas, mais escuro. Já na maneira de chamar negavam a escravos e escravas sua identidade.

Chica tinha o tom de pele mais claro. Sua mãe viera da região que os portugueses chamavam Costa da Mina, no oeste da África, entre as atuais Gana e Nigéria. Os escravos de lá eram, principalmente, das etnias nagô e fula. Tinham traços faciais mais finos, corpo longilíneo, e, por essas características, suas mulheres eram apreciadas pelos brancos. Como toda escrava, a menina Chica já devia trabalhar aos sete anos. E deve ter iniciado a vida sexual, na cama do dono, aos doze. "Doze anos é a idade em flor das africanas", escreveu o militar alemão Carl Schlichthorst,[1] que esteve no Brasil na década de 1820. "Nelas há de quando em quando um encanto tão grande que a gente esquece a cor". Ainda menina, foi vendida pelo dono de sua mãe ao médico português Manuel Pires Sardinha, um ancião que anos depois foi denunciado por um vizinho ao Tribunal Eclesiástico. Era acusado de ter caso e filhos com duas de suas escravas, tanto com Francisca Crioula quanto com Francisca Parda. Sardinha, dizia o acusador, já as "comprou para esse efeito". Condenado pela Igreja, o médico fora obrigado a vender as moças.

Em 1753, recém-chegado ao Brasil, foi o desembargador João Fernandes de Oliveira quem comprou a jovem

---

[1]   FURTADO, Júnia Ferreira. Op. cit.

Chica. Ele tinha 26; ela, talvez 20. E já era mãe do menino Simão, a caminho de fazer três. O mesmo Simão que, anos mais tarde, informaria Tiradentes de que ele era seguido no Rio de Janeiro. Deve ter sido uma paixão arrebatadora: o desembargador lhe deu a alforria no dia de Natal daquele ano. Chica da Silva devia ter uma personalidade forte, pois o costume era de que, por gratidão, os escravos forros tomassem para si o sobrenome do senhor que concedera a liberdade. No primeiro documento em que ela aparece livre, porém, em 1754, aparece como "Francisca da Silva, parda forra". Em sua bela biografia de Chica, a historiadora Júnia Ferreira Furtado mostra como, na evolução de seu nome, Francisca criou por conta própria sua identidade. Silva era o nome comum, o nome que qualquer um sem nome pegava, mas era seu, de sua escolha, não fora concedido. Foi apenas quando a primeira filha do casal nasceu que ela incorporou Francisca da Silva de Oliveira, não por gratidão, mas como símbolo de uma união estável.

Jamais se casaram formalmente, mas viveram juntos por dezessete anos. Quando, durante o Império, historiadores começaram a se debruçar sobre sua história, leram com olhos de seu tempo e por isso a entenderam de forma enviesada. Na metamorfose que levou a menina nascida Francisca Parda a se transformar na idosa e respeitada dona Francisca da Silva de Oliveira, viram um caso excepcional do português que, perante uma mulher negra deslumbrante, desmontou-se por luxúria. O desembargador João Fernandes de Oliveira era católico devoto. A alforria no dia de Natal não foi por acidente. Durante a longa relação, tiveram juntos treze filhos. Quase um parto por ano. Não foi uma vida de luxúria, e, para os filhos com Chica, Fernandes deixou toda a sua fortuna em herança. No momento do século XIX em que os mineiros começavam a inventar o que chamariam de sociedade tradicional, precisaram embranquecer o passado. Para isso, a conhecida história de Chica tinha de ganhar uma roupagem excepcional. Extravagante.

No início da década de 1790, porém, no Tejuco, havia 193 homens brancos proprietários de casas. E havia, igualmente, 197 mulheres negras, forras, proprietárias de suas próprias casas. Chica, que só morreu em 1796, era uma dessas. O pai de treze de seus catorze filhos era excepcional por ter sido talvez o homem mais rico da cidade. Mas a deles não era uma história incomum. Em Vila Rica, não longe dali, o poeta Cláudio Manuel da Costa, apenas nove anos mais moço que o desembargador, vivia uma história muito parecida com outra Francisca. Cláudio Manuel, aliás, era afilhado do sargento-mor, pai de Fernandes de Oliveira.

"Havia um gato faminto na porta", descreveu em finais da primeira década do século XIX o mineralogista britânico John Mawe.[1] Ele estava chegando ao Tejuco pela primeira

---

[1]   MAWE, John. *Viagens pelo interior do Brasil, particularmente nos distritos de Ouro e Diamantes daquele País.*

vez. "Pobre animal, pensei. Na casa em que você vive parece não haver alimento sequer para os ratos. Uma mulher magérrima veio então à porta e eu lhe pedi água, e ela trouxe. Aí ela começou a implorar por caridade". Havia riqueza e pobreza. Embora Mawe descrevesse uma realidade 25 anos à frente, quando a decadência da mineração estava avançada, já na década de 1780 os ricos eram poucos e os miseráveis, muitos. Um bom número de mulheres negras livres tinha posses, principalmente na Demarcação Diamantina, mas também em toda Minas. Contudo, isso não mudava a natureza daquela sociedade. Uma sociedade profundamente hierarquizada e desigual, na qual, por lei, o homem valia mais do que a mulher. Quanto mais clara a pele, maior seu valor. Quanto mais dinheiro, maior sua importância. Uma sociedade em que a violência se dava em inúmeros níveis e não apenas naquele marcado pelo estalo da chibata.

Os crimes de natureza sexual incluíam fornicação simples, estupro, rapto, adultério, incesto e sacrilégios contra a natureza.[1] Eram dois os códigos que estabeleciam leis e punições: as Ordenações Filipinas, sancionadas em 1595, e as Constituições Primeiras do Arcebispado da Bahia, de 1707. O homem que dormisse com uma mulher casada poderia ser submetido à pena de morte. Fosse, porém, mais rico ou mais nobre do que o marido traído, uma multa resolveria. A mulher que traísse sofreria penas aviltantes; o ato

---

[1] PIMENTEL, Helen Ulhôa. *A ambiguidade da moral colonial: casamento, sexualidade, normas e transgressões.*

era justa causa para divórcio num tempo em que o divórcio mal existia; exílio estava listado entre as punições previstas. Mas seu marido poderia perdoá-la. O marido que traía sequer é citado pelas Ordenações, mas, na prática, pagava multa. Multa paga ao governo, não à mulher traída. No conjunto, o que as regras diziam é que o homem que trai ofende o Estado por perturbar o equilíbrio das instituições; a mulher que trai ofende o marido.

O estupro só era considerado em caso de a mulher ser virgem, pois mulher desvirtuada não tinha mais o que perder. Ainda que fosse virgem, a mera acusação não bastava. Exigia-se testemunhas que vissem o agressor nas redondezas. Naquele mundo, desconfiava-se da mulher por princípio, e os escravos eram quase bicho.

Mesmo que desejasse levar uma vida virtuosa, o homem branco livre que não fosse rico encontrava dificuldades. Cada noivo precisava apresentar uma certidão de todos os lugares em que vivera para provar que nem estava casado nem prometera casar com alguém no passado. Quase todos em Minas, pela colonização muito recente, vinham de outros cantos, de outros arraiais ou vilas, de outras capitanias, às vezes até da Europa. Para casar, a burocracia era cara, lenta e trabalhosa. Em 1786, a população de homens e mulheres livres era equilibrada: 94 mil de cada. Desses, 30 mil mulheres e 36 mil homens eram brancos, e quase metade da população era escrava: 188 mil livres, 174 mil cativos.[1]

---

[1] FIGUEIREDO, Luciano. *O avesso da memória.*

A solução mineira era um crime: o concubinato. Viver junto na mesma casa, criar família, embora sem os papéis necessários. Num tempo obcecado com a moral e os costumes, em Minas não havia falta de relacionamentos, estáveis ou não, ou mesmo de sexo eventual. Em nenhum outro lugar ou tempo da história colonial brasileira houve tantas prostitutas. Não é difícil imaginar a cena descrita pelo botânico francês Auguste de Saint-Hilaire. Num albergue à noite, as belas mulatas circulam por entre as mesas. Sequer disfarçavam suas intenções ou o que vendiam. Convidadas pelos viajantes, sentavam e com eles jantavam. Dançavam para eles ao som dos batuques e, quando era hora de dormir, recolhiam-se à mesma cama.

Senhores extraíam renda da prostituição de suas escravas. Maridos pobres prostituíam suas mulheres. Mães prostituíam as filhas para ter o que comer. Mulheres recém-libertas se prostituíam para sobreviver. Mas a prostituição era também caminho para a liberdade. Nas regiões de mineração, senhores mandavam suas escravas com grandes tabuleiros de doces ou quitutes aos pontos de concentração de trabalhadores. Enquanto vendiam o produto, as mulheres faziam também dinheiro oferecendo sexo, que, acumulado, lhes permitia comprar a própria alforria.

No início do século XVIII, apenas 0,7% da população era composta por escravos que ganharam a liberdade. No início da década de 1770, o número chegava a 15% e, na virada do século, ultrapassava os 20%. No Tejuco, 63% dos alforriados eram mulheres. Em São João del-Rei, 60%. O número se torna mais explicativo quando se mostra que a maioria das mulheres conseguiam a alforria adultas, enquanto os homens a conseguiam na pia batismal. Eram alforriados, na maioria dos casos, por serem filhos do senhor ou de seus amigos.[1] O processo era, no fim, duplamente cruel. Se a prostituição permitia às mulheres que, circulando pela área de mineração, juntassem dinheiro para comprar a própria alforria, tinha o efeito contrário em seus clientes, muitas vezes escravos. Ao gastar o que mal podiam, perdiam a mesma oportunidade.[2]

Sexo e o pequeno comércio eram indissociáveis.[3] Muitas das mulheres libertas eram donas de pequenas vendas. Lá, vendiam tecidos, mantimentos, doces mineiros que faziam no tacho. Compravam ouro contrabandeado. Ofereciam bebida e, ao fim da tarde, a distração das danças e dos batuques. Invariavelmente, também lá funcionavam quartos. O aluguel de quartos ou casas para os encontros amorosos era criminoso. Chamavam-nas Casas de Alcouce. Na origem está a palavra árabe para *quarto de dormir* ou *caverna*, que também deu origem à *alcova*. O dono da Casa de Alcouce ou quem intermediava os contatos para que as relações ocorressem eram os alcoviteiros.

---

[1] RODRIGUES, Vilmara Lúcia. *Escravidão e alforria nas Minas Gerais do século XVIII.*

[2] ESPÍRITO SANTO, Cláudia Coimbra do. *Estratégias de sobrevivência nas minas setecentistas.*

[3] FIGUEIREDO, Luciano. Op. cit.

Alcoviteiro: uma palavra vagamente familiar de um português que nos soa antigo e que remete a outro Brasil, com outra realidade.

De tempos em tempos, chegava a um lugar o visitador--geral. Nomeado pelo bispo para a Visitação, ele logo montava equipe, com meirinho para cuidar das receitas e despesas, além de escrivão para tudo anotar. O processo da Igreja, que tinha por objetivo zelar pelos bons costumes, fazia-se sempre em duas visitas.[1] Na primeira, o visitador ouvia dos moradores denúncias, quase sempre de concubinato, mas havia também bruxas, alcoviteiros, incestuosos. Durante a fase de inquérito, o trio ouvia testemunhas. Perguntava sobre tudo e sobre todos, citava crimes possíveis e puxava à memória de quem contava, mesmo que fosse de ouvir dizer. Todas as acusações eram devidamente organizadas num documento secreto e levadas de volta ao bispado.

A segunda visita vinha sempre cercada de mistério e antecipação. Ninguém sabia do que poderia ter sido acusado. Não raro, pessoas se surpreendiam ao se ver condenadas mediante boatos. Mas, condenados, tinham de assinar um documento reconhecendo culpa, a autoridade do bispo no julgamento e prometendo que se emendariam. Feiticeiras

---

[1] FIGUEIREDO, Luciano; SOUSA, Ricardo Martins de. *Segredos de Mariana: pesquisando a inquisição mineira.*

podiam ser açoitadas; casais incestuosos eram exilados; alcoviteiras, obrigadas a assistir às missas de pé. Eram penas, muitas vezes, aleatórias. Nos arquivos de Mariana, não longe de Vila Rica, estão listadas multas que vão de 2,4g de ouro por jogatina a 21,5g por incesto. O concubinato, crime mais comum, saía por 7,1g de ouro, o mesmo preço de uma galinha ou duma camisa de linho.

Foi numa Visitação assim, ao arraial do Tejuco, que num dia de 1753 o doutor Manuel Pires Sardinha foi condenado a "se apartar da ilícita comunicação" com suas escravas Francisca Crioula e Francisca Parda, cada qual mãe de um filho seu. E, por conta, vendeu obrigado a bela Chica da Silva ao desembargador João Fernandes de Oliveira.

Em 1795, os membros do Senado de Vila Rica escreveram ao ouvidor-geral pedindo que se providenciasse uma roda de expostos.[1] Salvador tinha uma desde 1726. O Rio, desde 1738. O mecanismo era uma imensa bandeja com proteções laterais que ficava na porta de um convento ou casa. O exposto, bebê recém-nascido sendo abandonado, era colocado na parte externa da bandeja. O mecanismo permitia que a bandeja fosse girada, de forma que a criança passasse protegida ao interior da residência. Em Vila Rica,

---

[1]   SOUZA, Laura de Mello e. *Norma e conflito, aspectos da história de Minas no século XVIII.*

a maior cidade da colônia, as mães que abandonavam seus filhos não tinham lugar seguro para colocá-los. "Logo que os dão à luz", escreveram na carta os senadores, "os mandam levar às portas de casas particulares, onde ou os não recebem ou, se o fazem, é já quando os míseros recém-nascidos se acham a expirar, tendo até sucedido serem devorados por animais".

Alguns bebês abandonados eram devorados provavelmente pelos porcos que infestavam as ruas da capital mineira.

Na década de 1750, em Mariana, uma média de cinco crianças foram abandonadas nas ruas por ano. Na década de 1780, treze por ano. Na de 1790, quinze. O padrão se repetia por toda a capitania. Se em nenhum lugar ou tempo da história colonial houve tantas prostitutas quanto em Minas naqueles finais dos Setecentos, também jamais se abandonou tantas crianças. Nem sempre eram filhos de prostitutas. Às vezes eram filhos de mulheres que não queriam expor seus amores secretos.

Aos expostos restava contar com as amas de leite pagas pelo Senado para criá-los ou, em alguns poucos casos, a gente de boa índole que se oferecia para fazê-lo. Os expostos, abandonados pelas ruas, talvez fossem casos extremos, mas o abandono por outros meios era mais comum. Maria Anselma, a amante de Gonzaga e de Cunha Meneses, teve um filho de cada e encaminhou os meninos para as mãos de quem poderia criá-los, sem que os pais se opusessem. Na elite, de isolado o caso não tinha nada.

Uma sociedade, afinal, na qual a violência tomava inúmeras formas.

As três irmãs eram lindas desde a adolescência. Tão bonitas que eram conhecidas pela beleza, que deixaram vívidas lembranças em quem as conheceram, que mexeram com a imaginação de poetas. E o pai das moças o sabia. Era advogado, o português José da Silveira e Souza. No Brasil, vivera entre Goiás e São João del-Rei. Filhas bonitas assim lhe eram úteis.[1] Os juízes se aproximavam. Os cobradores relaxavam. As dificuldades da vida se amenizavam.

Quando, em meados da década de 1770, o juiz português Antônio Diniz da Cruz e Silva passou por São João del-Rei, ficou tão fascinado com as irmãs adolescentes Bárbara, Maria Policena e Iria Umbelina que lhes escreveu um soneto.[2] Árcade rigoroso, Cruz e Silva recorreu, como não podia deixar de ser, a um mito grego. O momento em que o mortal troiano Páris é obrigado por Zeus a escolher qual das deusas é mais bela: se Hera, Atena ou Afrodite. Sua escolha é Afrodite. Acaso tivesse de escolher entre as três irmãs, sugere o poeta nos dois versos finais, *o mesmo Páris, cheio de incerteza, nunca a grande contenda decidiria.*

Outro juiz envolvido pelo jogo de sedução na casa dos Silveira foi o carioca, também poeta, Inácio José de Alvarenga Peixoto. Tinha 34 anos quando chegou a São João del--Rei, e se hospedou por convite na casa do doutor Silveira.

---

1   JARDIM, Márcio. Op. cit.

2   LEITE, Aureliano. *A figura feminina da Inconfidência Mineira.*

Tinha 36 anos quando engravidou a jovem Bárbara, uma mulher vinte anos mais jovem. No retrato a óleo feito dela em vida, Bárbara Eliodora Guilhermina da Silveira é uma moça muito branca, de traços finos e cabelos crespos, negros. Orgulhosa e vaidosa.

Pelo lado da mãe, Maria Josefa da Cunha Bueno, Bárbara era nobreza da terra. Seu trisavô, o bandeirante Amador Bueno, entrou para a história paulista como *o aclamado*. O homem que, em 1640, recebeu do povo um pedido para que reinasse quando Portugal e Espanha se separaram e que, no entanto, preferiu jurar fidelidade ao novo rei português. Seu tio trisavô, Bartolomeu Bueno da Silva, o Anhanguera, é estátua na Avenida Paulista e nome de rodovia em São Paulo. Pelo lado materno, a família de Bárbara estava entre os descobridores do ouro, os fundadores de Minas. E a moça não escondia orgulho ou vaidade dessa origem. A um professor de música de sua filha, disse certa vez que deveria tratar a menina como a uma princesa.

Era também educada. Sabia música, escrevia poemas. Não era particularmente talentosa; tinha uma métrica quase infantil: *Meninos, eu vou ditar as regras do bem viver! Não basta somente ler, é preciso ponderar. Que a lição não faz saber, quem faz sábios é pensar*. Ainda assim, mulheres, mesmo entre as de boa família, raramente aprendiam a escrever. Aquelas três irmãs tinham tudo. Brancas, belas, bem-educadas, de boa família. Porém, mulheres. E mulheres, mesmo as brancas e ricas, tinham seu próprio lugar. A poesia de Alvarenga Peixoto revela um homem apaixonado. A biografia de seu sogro revela que aquele amor era lucrativo. Enquanto a jovem Bárbara estava grávida, aos dezessete anos, sem que houvesse qualquer compromisso formal entre os dois, o juiz feito amante se aproveitava de um inventário que tinha por obrigação julgar para comprar ele mesmo duas fazendas e registrar em nome do pai da moça, o doutor Silveira. A transação não era legal, mas, quando anos depois foi levada ao ouvidor em Vila Rica, encontrou no amigo Tomás Antônio Gonzaga um desembargador mais do que disposto a deixar passar.

Eram, os dois, genro e sogro, inadimplentes contumazes. Acumulavam riqueza e não pagavam dívidas. Depois de poucos anos, Alvarenga largaria o cargo. Ser fazendeiro e operar minas era mais lucrativo. Apesar dos muitos defeitos, era um tipo empreendedor, sempre com novas ideias, sempre esbarrando nos limites legais. Sua história, num ambiente que permitisse a livre iniciativa, poderia ter sido diferente.

O pai tolerava o concubinato de sua filha na própria casa, mas a Igreja, não. Após uma Visitação, o poeta recebeu ordens de se casar. "Aos 22 de dezembro de 1781", diz a certidão, "num oratório do doutor José da Silveira e Souza, por portaria do Excelentíssimo e Reverendíssimo senhor dom frei Domingos da Encarnação Pontével, bispo deste bispado, cometida ao Reverendo Carlos Correia de Toledo e Melo, vigário colado da freguesia da vila de São José desta comarca, com dispensa a banhos, administrou o sacramento do matrimônio ao doutor Inácio José de Alvarenga Peixoto e Dona Bárbara Eliodora Guilhermina da Silveira". Casamento às pressas, num oratório dentro da casa do pai da noiva, praticamente sem convidados, sem que a ninguém fosse perguntado se havia motivo para impedir a cerimônia, tudo por ordem do bispo. Praxe mineira.

Maria Policena, a segunda irmã, aproveitava-se ainda mais da liberdade na casa do pai. Poucas semanas após seu casamento, Alvarenga encontrou a nora na cama com Joaquim Pedro Caldas, seu funcionário na ouvidoria.[1] Enfurecido, colocou-o para fora à base de pauladas. Alguns anos depois, já no governo de Luís da Cunha Meneses, foi parar em São João o capitão-mor de Cachoeira do Campo, Antônio José Dias Coelho. O oficial se mostrara mais do que eficiente ao encher de presos que pudessem se dedicar, em Vila Rica, aos trabalhos forçados na construção da nova cadeia. Agora, circulava a capitania cobrando quem devia algo ao governo. Tanto o doutor Silveira quanto Alvarenga Peixoto estavam na lista, mas não eram os únicos na vila. O velho advogado fez de Dias Coelho seu hóspede e, nessa condição, envolveu-se com a bela Policena. O filho dos dois nasceu em 1786, mas, diferentemente do poeta, o capitão-mor não ficou para o casamento. Ao longo dos anos seguintes, Policena teria mais dois filhos, de pais desconhecidos.

Eram brancas, as três irmãs. De boa família. Tinham dinheiro e educação. Mas eram mulheres, vítimas da instabilidade, da desestrutura social das Minas, da distinção de valor da qual se valiam os homens.

---

[1] RODRIGUES, André Figueiredo. *A fortuna dos inconfidentes.*

Todos esses personagens que circularam entre finais dos 1770 e início dos 1780 na casa do doutor Silveira se reencontrariam na década seguinte para uma tragédia familiar. O bispo Pontével, que obrigou o casamento, e o padre Toledo, que o celebrou. O juiz português Cruz e Silva, que escreveu para as moças um soneto. O capitão Dias Coelho, que fez um filho em Policena. Uma tragédia familiar terrível que teve impacto por décadas em gente que sequer nascera. Tragédia sugerida, quase dois séculos depois, com muito mais graça e sutileza do que seriam capazes os poetas árcades, por Cecília Meireles. *Há três donzelas sentadas na verde, imensa campina. O arroio que passa perto, com palavra cristalina, ri-se para Policena, beija os dedos de Umbelina; diante da terceira, chora, porque é Bárbara Eliodora.*

TEMPO DE LUZES

Tudo o que se sabe sobre a vida íntima e pessoal do cônego de Mariana, o padre Luís Vieira da Silva, está resumido num parágrafo perdido[1] em meio aos milhares de páginas do processo da Inconfidência. Um único parágrafo no pacote que, editado entre finais dos anos 1970 e início dos anos 1980 pela Imprensa Oficial de Minas, ocupou dez volumes. "Tem sua mãe d. Josefa Maria do Espírito Santo, maior de sessenta anos, que vive pobremente em companhia de duas filhas solteiras em uma fazenda chamada Guido, junto ao Arraial da Passagem do Ouro Branco." Uma cidadezinha, cinquenta casas,[2] talvez menos, a 30km de Vila Rica. "Também tem o cônego uma filha por nome Joaquina Angélica da Silva, casada com Francisco José de Castro, cirurgião ausente em Portugal ou Angola, a qual vive nesta

---

[1]   *Autos de devassa da Inconfidência Mineira*, vol 3.

[2]   GUIMARÃES, Carlos Magno. *Capão do Lana: dos documentos à arqueologia*.

vila em casa de um cunhado." E nada mais. Já havia sido ordenado quando a filha nasceu, mas não há menção de quem possa ter sido a mãe da moça. O único detalhe de sua descrição física é que usava tonsura, o círculo raspado na cabeça dos padres. Não há pista sobre a cor dos cabelos e olhos ou indício de que era alto ou baixo, gordo ou magro.

Foi um dos maiores pensadores brasileiros de seu tempo, um dos mais cultos e curiosos. Estava entre os professores mais queridos da única escola da capitania e, no púlpito, talvez tenha sido o padre mais carismático, sempre reivindicado para falar nas missas mais importantes. Foi o que ocorreu, por exemplo, quando a igreja de São Francisco de Assis, erguida pelo mestre Aleijadinho, em Vila Rica, foi inaugurada, em 1771.[1] Ou na cerimônia fúnebre de um vigário que substituía o bispo quando ausente:[2] *Sim, meus fiéis, não há coisa que seja sempre durável neste mundo.* Vieira da Silva falava com fluidez. *Onde existem esses impérios formidáveis, o terror das nações vizinhas, a quem se prometia a duração dos mesmos séculos? Onde existem essas nações guerreiras e orgulhosas, Medos, Caldeus, Assírios, Gregos e Romanos, que se jactavam que o mundo não tinha forças para conseguir sua destruição?* Pode-se imaginar uma espécie de pregador moderno, no que tange à igreja de hoje. *Já desapareceram de sobre a face da Terra e somente a sua lembrança nos serve de um triste documento da humana fragilidade.*

---

[1]   ALVES, Herinaldo Oliveira. *Traços biográficos do cônego Luís Vieira da Silva.*

[2]   JARDIM, Márcio. *A Inconfidência Mineira: uma análise factual.*

Vieira da Silva nasceu em 1735, filho de um carpinteiro português chamado Luís Vieira Passos e de dona Josefa. Ambos vieram do reino quando jovens, movidos pela esperança do ouro. Conheceram-se em Minas e fizeram dinheiro suficiente para ter um naco de terra — não eram miseráveis, mas humildes. E seu filho primogênito era brilhante. Quando entrou para o Seminário de Mariana, a escola havia acabado de ser inaugurada, mas não ficou nela por muito tempo. "Sempre procedeu com muita exemplaridade de costumes na frequência dos Sacramentos e mais exercícios", escreveu o diretor na carta de recomendação, "sem que nesses dois anos e quatro meses tivesse queixa alguma dele, na aplicação profícua dos seus estudos, nascido um e outro proveito do seu bom gênio e engenho". Em 1752, aos dezessete anos, matriculou-se no Colégio dos Jesuítas, em São Paulo. O aluno era bom demais, sentiam seus professores, e o encaminharam a uma escola com mais tradição. Em 1759, pouco antes de ser ordenado, já estava de volta a Mariana, agora como mestre de filosofia do Seminário. Ocupou a cátedra por 32 anos, até ser preso.

Era querido por muitos. "Seus discursos lhe granjearam créditos e suas desgraças, compaixão",[1] registrou anos depois um homem que o conheceu. Era querido por muitos, mas não por todos. Quando se candidatou a cônego de Mariana, o cargo de líder espiritual de uma região, gente com poder na alta hierarquia católica bloqueou sua ambição.

---

[1] FRIEIRO, Eduardo. *O diabo na livraria do cônego.*

Acusavam-no de simonia e corrupção. Teria favorecido um padre num concurso prestando favor a "mulheres" com quem tinha "amizade". O empecilho foi resolvido pelo desembargador Tomás Antônio Gonzaga, nove anos mais jovem e seu amigo.

O cônego tinha um perfil difícil de ser descrito, marcado por brigas de sacristia, interesse pelas mulheres, carisma e brilhantismo — uma mente inquieta. Jamais teve muito dinheiro ou posses — um escravo, duas vacas e alguns móveis. Era dono de mapas e de livros. O padre Vieira da Silva tinha uma das mais formidáveis bibliotecas do Brasil colonial: 270 títulos distribuídos em mais de 800 volumes. Mais da metade em latim, noventa e poucos em francês, trinta e tantos em português, 24 em inglês, um punhado em espanhol e seis em italiano.

Chamavam-se livrarias, termo que se perdeu no tempo. Hoje é o nome pelo qual atendem as lojas em que compramos livros. Nos Setecentos, eram coleções e bibliotecas particulares. A maior livraria de Minas naquele século foi, provavelmente, a do bispo Domingos da Encarnação Pontével, com 412 títulos divididos em 1.056 volumes.[1] Vieira da Silva teve a segunda maior.

---

[1]   VILLALTA, Luiz Carlos. *Os clérigos e os livros nas Minas Gerais da segunda metade do século XVIII.*

Thomas Jefferson, um dos intelectuais por trás da fundação dos Estados Unidos, morreu octogenário dono de 6.487 volumes.[1] Sua coleção pessoal se equivalia à do filósofo francês François-Marie Arouet, conhecido como Voltaire, hoje guardada na Biblioteca Nacional Russa: 6.814 volumes. Adam Smith, o escocês que inventou a ciência econômica, juntou em vida aproximadamente três mil volumes.[2] A maioria dos livros eram impressos em mais de um volume. Os três foram homens excepcionais, e suas parcas bibliotecas com várias centenas de títulos que existiam no Brasil causariam espanto em qualquer parte do planeta. Inúmeras mudanças aconteceram no período. Revoluções políticas na América do Norte e na França, Revolução Industrial na Inglaterra. Tudo movido a livros.

A tecnologia de impressão, porém, havia evoluído muito pouco desde que o alemão Johannes Gutenberg publicou sua Bíblia, em meados da década de 1450. As prensas ainda eram feitas com estrutura de madeira, e os tipos móveis em metal continuavam sendo organizados em gavetas manualmente, letra a letra. O papel não era feito com poupa de madeira nem havia os químicos para embranquecer as folhas. Papel se fazia em moinhos de água, com a lenta dissolução de trapos de tecido: cânhamo, linho, seda. As fibras trituradas, misturadas, secavam depois em telas formando um papel resistente, de boa qualidade, embora

---

[1]   *Catálogo da Biblioteca do Congresso.*

[2]   RAE, John. *Life of Adam Smith.*

amarelado.[1] A tipografia, por outro lado, não causaria estranheza. Fontes como Baskerville e Carlson, até hoje entre as mais elegantes e de fácil leitura encontradas no computador mais genérico, eram criações recentes e populares.

Não imprimiam as páginas uma a uma, mas de duas em duas, de quatro em quatro ou de oito em oito em imensas folhas, primeiro na frente e depois no verso, que seriam depois dobradas de forma que se encaixassem perfeitamente. As edições ganham nome pelo tamanho: fólio, quarto e octavo, dependendo do número de dobraduras. Quanto mais páginas impressas por folha, menor o livro. Cada folha dobrada era encaixada uma dentro da outra, formando cadernos, e estes eram organizados na sequência correta, posteriormente empilhados e costurados. A capa, quase sempre de papel, muitas vezes ganhava uma proteção de couro ou papelão quando chegava às mãos dos colecionadores. Um livro novo vinha frequentemente com as dobras intactas, obrigando os leitores a ter sempre uma espátula à mão para cortar as páginas, separando-as. Em 1725, havia 75 gráficas ou editoras na cidade de Londres. Exatos cinquenta anos depois, 124. O mesmo *boom* acontecia nos grandes centros intelectuais como Paris e Genebra.

Era também um tempo de pesada censura em toda a Europa e em suas colônias. Em 1768, o marquês de Pombal instalou a Real Mesa Censória, centralizando e organizando

---

[1]   BARRETT, Timothy. *European Papermaking Techniques 1300-1800.*

o trabalho da seleção do que podia ou não ser lido.[1] Era uma lista imensa que incluía as Fábulas de Jean de La Fontaine, alguns dos primeiríssimos romances, como *A princesa de Clèves*, da condessa de La Fayette, e *As viagens de Gulliver*, de Jonathan Swift, além de obras bem menos inocentes, como as de quase todos os filósofos do Iluminismo — Jean-Jacques Rousseau, o barão de Montesquieu, Voltaire e Adam Smith. Nenhum leitor, porém, deixou de ler, tanto em Portugal quanto no Brasil, aquilo que desejava. A ambiciosa *Encyclopédie*, um dos pontos altos do Iluminismo, editada por Denis Diderot e Jean d'Alembert, estava presente não apenas na biblioteca do cônego Vieira da Silva — como poderia ser encontrada, pouco mais de uma década depois —, mas também na Biblioteca Pública de Salvador.

Em nenhuma outra colônia da América, porém, havia menos liberdade quanto na portuguesa. Havia gráficas autorizadas nas regiões que pertenciam à Inglaterra e à Espanha, enquanto no Brasil a proibição era absoluta.

Em Portugal, chamam o período de Luzes. Em inglês, o termo é *Enlightenment*, a mesma palavra utilizada para o conceito da iluminação no budismo. Iluminismo. Entre finais do século XVII e durante todo o século XVIII, cientistas e filósofos reinventaram o Ocidente. Eram amigos e rivais,

---

[1]   VENTURA, Roberto. *Leituras de Raynal e a ilustração na América Latina.*

religiosos e ateus, radicais e moderados. Tão diversos em suas ideias quanto em suas preocupações, não representavam no conjunto um movimento com metas claras. Discordavam mais do que concordavam, mas havia características que os uniam.[1] Eram urbanos, mesmo quando se refugiavam no campo. Acreditavam firmemente que uma sociedade crescia por meio do debate, do enfrentamento racional e rigoroso entre ideias antagônicas, e para isso era necessário o direito à livre-expressão. Defendiam o secularismo, o afastamento da religião nas decisões do Estado.

Suas ideias de liberdade eram cosmopolitas, ultrapassavam fronteiras, mas foi em locais específicos que esses homens se reuniram. Na Escócia, puxados por Adam Smith e David Hume; na França, reuniam-se os inúmeros autores da *Encyclopédie*; na Alemanha, Immanuel Kant puxava o comboio. Funcionavam em grupo, os filósofos do Iluminismo. Reuniam-se para o almoço em casas particulares, em cafés e clubes durante a tarde e, se fosse noite, não raro em tabernas. O barão d'Holbach, um rico alemão que passou boa parte da vida em Paris, recebia em casa, para longas horas de conversa, pessoas como Rousseau, Diderot, Adam Smith, o embaixador americano Benjamin Franklin e um padre com ambições intelectuais, o abade Raynal. Nunca se havia conversado tanto e de forma tão aberta sobre as possibilidades do mundo.

---

[1]   GAY, Peter. *The Enlightenment, the Rise of Modern Paganism.*

Ao separar Estado e religião, o fazer governo da vida espiritual, o Iluminismo condenou o Antigo Regime, pois era a religião que outorgava aos reis seu direito divino ao governo, e eram os monarcas absolutos que cediam à Igreja seu amplo poder. Um círculo virtuoso mantinha esse equilíbrio. O processo não foi imediato, tampouco veio sem traumas, mas ao romper o elo entre uma instituição e a outra nas mentes de todos, a ilusão que sustentava o sistema desapareceu. E esses livros, essas ideias, não ficaram trancados nos salões de Paris.

Em toda a América espanhola, 150 mil pessoas fizeram curso universitário nos três séculos do período colonial. Entre 1772 e 1872, 1.242 brasileiros estudaram em Coimbra.[1] Menos de 1%. São Paulo e Rio de Janeiro sequer existiam quando a Universidad de San Marcos, no Peru, foi fundada, em 1551. A Real y Pontificia Universidad de México nasceu meses depois. Harvard é de 1636. A Real Academia de Artilharia, Fortificação e Desenho, considerada a primeira instituição de ensino superior do Brasil, da qual tanto UFRJ quanto IME são herdeiros, é de 1792. Havia apenas poucos cursos secundários no país, todos dominados pelos jesuítas até sua expulsão, em 1759. Foram assumidos por outros padres depois.

---

[1]   VENTURA, Roberto. Op. cit.

Contudo, havia salões como os de Paris. No Rio, em Salvador, em Vila Rica, e neles as mesmas ideias europeias eram exploradas com paixão. Um ajudava o outro a desenvolver raciocínios. Livros eram passados de mão em mão. Na casa do advogado Cláudio Manuel da Costa, do ouvidor Tomás Antônio Gonzaga, na do contratador João Rodrigues de Macedo, também na do tenente-coronel Francisco de Paula Freire de Andrada, que vivia no meio do caminho entre Macedo e Cláudio. Este último tinha 246 títulos, Andrada, 84, e Gonzaga, 83. Alvarenga Peixoto diz ter passado na casa do tenente-coronel "para entregar um livro e tirar outro da sua livraria".[1]

Aqueles homens tinham ainda outra fonte de informação: a *Gazeta de Lisboa*. Com a popularização dos livros em toda a Europa, na segunda metade do século XVIII, também se espalharam os periódicos. O *Times* de Londres, ainda hoje um dos mais importantes jornais do mundo, nasceu em 1785. A *Gazeta de Lisboa*, que circulou entre 1715 e 1820, chegava a Minas com as últimas notícias do reino e do exterior. Foi lá que leram primeiro sobre a independência americana, sobre a opulência da Corte portuguesa, e era inevitável que contrastassem todos os acontecimentos com o que viam em sua terra.

Dos textos dos livros e da *Gazeta*, das salas dos homens cultos, tanta informação processada inevitavelmente

---

[1] VILLALTA, Luiz Carlos. *Reformismo ilustrado, censura e práticas de leitura: usos do livro na América portuguesa.*

chegava às ruas e às estradas. Vila Rica não era apenas a capital, era lugar de passagem. Lugar ao qual todos tinham de ir uma hora ou outra. Minas se movia, eternamente em trânsito. Os viajantes se encontravam nos lugares em que os viajantes ainda o fazem. Nas conversas apressadas do dia, nos papos regados a álcool da noite, ideias fluíam. O térreo da Casa do Real Contrato, do contratador Macedo, era um desses lugares pelos quais homens de negócio de toda parte passavam. Outro era o Capão do Lana, uma estalagem que servia de primeira parada para quem deixava a capital rumo ao sul ou última antes de chegar a Vila Rica. Havia quartos de aluguel onde dormir, estábulo para os animais e taberna para quem quisesse comer ou beber. Pernoitavam também em fazendas, nos grandes casarões onde quem estava de passagem encontrava sempre boa acolhida. Paravam nas vendas próximas aos pontos de mineração, onde ricos e pobres cruzavam. E, não raro, encerravam as noites longe de suas residências nas casas de alcouce.

Todos conheciam a realidade de Minas. A riqueza de poucos, a pobreza de muitos. As dívidas de ricos e de pobres. A frustração do mineiro que sonhou muito com o ouro que não veio ou parou de vir. Os governantes que vinham de tempos em tempos, enriqueciam, iam embora e nada mudava. E Lisboa queria mais. Aquelas ideias contrabandeadas da Europa não eram ideias vagas imaginadas por filósofos em delírios de abstração. Eram concretas, falavam da vida prática.

Guillaume Thomas François Raynal, o ambicioso abade Raynal, era um escritor menor, pensador desprovido de qualquer originalidade que, no entanto, compartilhava vinho com gigantes. Estava entre os frequentes convidados do barão d'Holbach, contribuiu para a *Encyclopédie* e escreveu alguns livros que, se pouco originais, ao menos repetiam de forma sucinta e fácil de compreender as ideias dos grandes filósofos. Entre eles está o título mais lido, discutido e revirado pelos mineiros, popular nas Américas e na Europa: a *História filosófica e política do estabelecimento e do comércio dos europeus nas duas Índias*. Foi um dos *best-sellers* do tempo. Entre 1772 e 1780, teve dezessete edições e mais outras dezessete até 1787.[1] Nos Estados Unidos, uma única edição chegou à tiragem de 25 mil exemplares, número respeitável até hoje.

Em sua *História*, Raynal descreve a ainda recente independência das treze colônias da América inglesa. Para ele, o que levou ao rompimento entre colônia e metrópole foram os impostos extorsivos. Repetindo as ideias de Rousseau, o abade destacava o direito do povo a se rebelar contra déspotas, e mergulhava também na história brasileira, criticando Portugal pela opressão que impunha.

---

[1]   VENTURA, Roberto. Op. cit.

O cônego Luís Vieira da Silva era dessas figuras que lê costurando e que não passa por uma ideia nova sem compará-la a outras, sem buscar pontos de encontro e possibilidades de conexão. Ao longo daquela década de 1780, começou a reunir na mente uma série de referências[1] para imaginar as possibilidades perdidas e futuras de Minas e do Brasil. A primeira ideia vinha do abade Raynal. Os americanos ingleses fizeram sua independência por conta dos impostos extorsivos, pelos quais também sofriam os de Minas Gerais.

A segunda ideia, que Raynal tomara de Rousseau, era igualmente poderosa: o direito que um povo tem de resistir a déspotas. E essa não era, na cultura ibérica em geral, na portuguesa em particular, uma ideia nova ou mesmo subversiva, apesar de delicada.

Ainda antes dos iluministas, um movimento de educadores da Igreja de Espanha e Portugal, a Segunda Escolástica, releu São Tomás de Aquino para sugerir algo parecido. Segundo o raciocínio, Deus dera aos homens o direito de buscar o bem comum. Eram eles, o povo, que cediam ao monarca o governo para cumprir esse desígnio divino. A dinastia portuguesa se justificava com base nesse raciocínio, afinal eles mesmos haviam ascendido ao trono mediante um golpe.

É irônico que um dos livros que mais mexeram com a imaginação do cônego levasse a assinatura do conde de

---

[1]   VILLALTA, Luiz. Op. cit.

Ericeira, avô do governador déspota Luís da Cunha Meneses. É a *História de Portugal restaurado*, publicado em quatro
volumes em finais do século XVII, com segunda edição de
1751. Lá é contada a história do rompimento entre Portugal e Espanha, no ano de 1640, que marcou o fim da União
Ibérica. Está lá o momento em que um grupo de nobres,
liderados pelo duque de Bragança, tomou do espanhol
Felipe III o trono para fundar a Dinastia de Bragança.

O conde descreve as cenas em detalhes. Um grupo in-
vade o palácio em busca do secretário de estado Miguel de
Vasconcelos, representante do rei em Lisboa. Ao encontrá-
-lo, *disparou-lhe d. António Telo uma pistola; sentindo-se ferido,
saiu à casa, onde recebeu outras feridas mortais de que caiu.* Vasconcelos ao chão, outros saíram a gritar *pelas janelas do Paço,
liberdade, e aclamassem o duque de Bragança, rei de Portugal.* O
povo começou a se juntar nas ruas para ver o que ocorria.
Pegaram o corpo e *ainda vivo o lançaram ao terreiro por uma
das janelas. Ao mesmo tempo que caiu o miserável corpo moribun-
do, se empregou nele toda aquela desconcertada ira, sem perdoar
a algum excesso.* Fórmula de rebelião: com o argumento da
tirania, um rei é deposto. Como símbolo, seu representante é assassinado e um novo governo se instaura.

"Se no tempo da aclamação do senhor rei d. João IV viesse esse príncipe para o Brasil", comentou o cônego com um
amigo, "a esta hora se acharia a América constituindo um
formidável Império". Em vez disso, havia a enorme pobreza de Minas.

Minas não era estranha a rebeliões. Entre 1707 e 1709,
houve a Guerra dos Emboabas em Vila Rica, marcando

uma disputa entre os paulistas que descobriram o ouro e os imigrantes portugueses que chegavam. Em 1720, na revolta de Felipe dos Santos, o povo se levantou contra os impostos. E uma série de violentos motins, no sertão do São Francisco, ocuparam o ano de 1736. Uma revolta popular no Rio, em 1660, derrubara o governador. Outra ocorreu na Bahia, em 1711. Em todas havia um ponto em comum: repetiam o ritual autorizado pela Restauração e pela Segunda Escolástica. Derrubavam o déspota local, gritavam fidelidade ao rei. Mesmo nos motins de 1736,[1] que se rebaixaram à barbárie com uma série de assassinatos e estupros, o cerne da ideia estava intacto. Um déspota pode ser derrubado por motim popular. Os Bragança não podiam questionar esse princípio sem pôr em risco a própria legitimidade. Mas, até então, ninguém havia acusado a própria monarquia de despotismo.

"El-rei de Portugal nada gastou na conquista da América", queixou-se o padre com um amigo. "Os nacionais já a tiraram dos holandeses, fazendo sua guerra sem El-rei contribuir com dinheiro algum para ela; depois disso, os franceses tomaram o Rio de Janeiro, que os habitadores da cidade lha compraram com o seu dinheiro".[2] Se ora imaginava o "formidável Império" caso os monarcas portugueses se mudassem para o Brasil, havia momentos em que se im-

---

[1]   ANASTASIA, Carla Maria Junho. *A revolta de 1736 no sertão do São Francisco.*

[2]   VILLALTA, Luiz Carlos. Op. cit.

pacientava. "Um príncipe europeu não pode ter nada com a América, que é um país livre".

O conceito de um "formidável império" ou, como o descreveu doutra feita, "uma república florente" era outra ideia forte para o cônego de Mariana. Luiz Carlos Villalta, o pesquisador que desconstruiu a biblioteca, as leituras e os raciocínios do cônego para revelar suas origens, aponta o milenarismo português, o sebastianismo e a ideia messiânica de que sempre há um inalcançável paraíso por reconstruir; que apenas se houvesse sido diferente, se outro rumo fora tomado, tudo se ajustaria. Mas essa não é uma ideia apenas portuguesa. É também, e profundamente, norte-americana. O pastor John Winthrop, um dos primeiros puritanos a descer em Massachusetts, é famoso pelo sermão em que inspira sua comunidade a criar, na América, uma *shining city upon a hill*. Uma cidade que brilhe no alto da montanha, exemplo para todos. Todo o princípio do excepcionalismo norte-americano nasce daí, frase essencial da mitologia local. John Kennedy mencionou a *shining city* no último discurso que fez antes da posse como presidente. Ronald Reagan aceitou a indicação à presidência perante seu partido falando da cidade que brilha. E o cônego Luís Vieira da Silva sonhava com as possibilidades de um país excepcional acaso se livrasse da opressão.

O melhor título dos muitos livros sobre a Inconfidência e seus personagens cabe a um introspectivo professor de literatura, Eduardo Frieiro, que em 1946 publicou o pequeno ensaio chamado *O Diabo na livraria do cônego*. Porque o Diabo estava ali. Não há metáfora melhor para ideias que despertam inquietude. O debate entre historiadores acerca de quem participou ou não do movimento permanece. Há quem ponha o padre entre seus líderes e há quem o veja como um inocente envolvido pela ingenuidade.

A dúvida não é à toa. É, de todos os protagonistas, o mais enigmático. De todos os outros, temos um conjunto de informações, ainda que retalhadas: houve quem os descrevesse, houve quem deles contasse histórias. Sabemos que jogavam gamão ou cartas, que preparavam chocolate quente, que se empolgavam ao falar, que sentiam vaidade pela própria casa, que frequentavam tabernas. Sabemos o que os atormentava, que dívidas tinham, o que os deixava ressentidos. Se eram covardes ou corajosos, calculistas ou impulsivos, hábeis ou frágeis. Temos indícios de quem eram, suficientes para que nossa empatia consiga reconstruir um traço de humanidade, caráter.

Luís Vieira da Silva é só ideias. Quando fala no inquérito ou quando dele falam: ideias, raciocínios. Até sonhos para o país, mas nunca histórias que viveu, pequenos episódios. Não deixou cartas para os amigos ou pegou dinheiro com alguém. Uma frase em um processo que fala de "mulheres" e "amizade" aqui, a menção noutro processo de uma filha, e quase parece que há um traço possível de personalidade. Talvez, apenas talvez. Até na lista dos bens confiscados que tanto revela sobre seus pares, em seu caso são apenas livros. Foi, entre todos os condenados pelo crime de lesa-majestade, o único dono de livros que despertou no escrivão a vontade de listar quase todos os títulos. Não bastou que registrasse o número de volumes. Decidiu dizer quais. Excesso de zelo, talvez. Ou sentia que aqueles títulos seriam o único testemunho sobre o homem. Ou então percebia que lá estavam provas contra o homem. Uma das testemunhas conta que Vieira da Silva planejava a Inconfidência desde 1781.[1] Improvável. Embora seja possível que ele já pensasse alto sobre um Brasil livre bem antes de os muitos interesses de seus contemporâneos confluírem pelo mesmo caminho.

Sua biblioteca inclui os necessários tomos católicos, vários dicionários para ajudar nas línguas que pouco dominava, tratados de física, astronomia, geografia. Há livros sobre estratégia militar, muitos de filosofia, medicina. Os clássicos latinos, os poetas portugueses essenciais, muita política. Iluministas: John Locke, barão de Montesquieu, Voltaire, Rousseau, Gabriel de Mably. Interessava-se por tudo, mas poucos assuntos mexiam com ele tanto quanto a independência dos "americanos ingleses" e a história recente do Brasil e de Portugal. Hospedava-se, sempre que estava em Vila Rica, no casarão de João Rodrigues de Macedo.

Outros talvez tivessem motivos pessoais, até mesquinhos, para pensar a independência. Vieira da Silva, de origem humilde porém brilhante, que jamais demonstrou ambição por dinheiro, que jamais saiu do Brasil mas que leu muito, encantava-se com a ideia da independência. E, nos livros, aprendeu que passos seguir para fazer a revolução, instaurar governo, preparar-se para a guerra e dar forma a um formidável império.

---

[1]　JARDIM, Márcio. Op. cit.

EM BUSCA DA FELICIDADE

Thomas Jefferson media quase 1,90m. Um homem alto e magro, de porte elegante e gestos lentos. Seus olhos azuis puxavam para o cinza. O cabelo ainda era de um ruivo amarelado aos 43 anos, naquele março de 1787.[1] Mantinha--o aparado um pouco abaixo das orelhas na lateral e mais comprido atrás, enlaçado num rabo de cavalo. Quando em Paris, enfrentava mal-humorado toda manhã o longo ritual de cobrir os cabelos com talco para embranquecê-lo, seguindo a moda na corte de Luís XVI e Maria Antonieta. Mas estava de viagem pelo interior e talvez, naquela manhã, tenha se permitido sair com ele natural. O embaixador americano sentia uma dor aguda no pulso direito. Cinco meses antes, mais ou menos quando iniciara sua correspondência com o homem misterioso, arriscara-se a pular uma cerca em Paris para ajudar uma moça a atravessá-la. Apaixo-

---

[1]   *The Thomas Jefferson Encyclopedia.*

nados, homens de meia idade sempre se sentem aos vinte. O gesto de galanteio terminou mal, com seu pulso deslocado. Conviveria com dores deixadas pelo acidente até o fim da vida. Aquela jovem, uma linda pintora nascida na Itália de pais ingleses, era casada, voltara para Londres com o marido e deixara Jefferson, já dado a longos silêncios, melancólico. Nos poucos anos anteriores, morreram-lhe a mulher e uma das três filhas. Foi por insistência dos amigos preocupados com sua depressão que assumira o cargo no exterior, em substituição ao velho Benjamin Franklin. Os ares da cosmopolita capital francesa por certo fariam bem a um homem que, como ele, gostava de arte, livros e vinho.

A recuperação pelo acidente havia atrasado sua viagem e o encontro com o homem que conhecia apenas por Vendek. A mais urgente de suas missões no exterior já fora cumprida com êxito, em dupla com seu amigo pessoal e adversário político, John Adams, embaixador em Londres. Negociaram juntos um empréstimo na Holanda que lhes permitiu pagar as dívidas que seu país, recém-nascido, havia contraído para se tornar independente. A aventura que iniciaram estava para completar onze anos. O próprio Jefferson, um dos mais fluentes escritores do tempo, havia escrito a declaração de independência. *Temos estas verdades como evidentes por si mesmas*, redigiu entre maio e julho de 1776. *Que todos os homens são criados iguais, que receberam do Criador certos direitos inalienáveis, entre estes a Vida, a Liberdade e a busca da Felicidade.* O que os filósofos europeus apenas imaginavam fazia décadas, aquele extraordinário grupo de homens, reunidos na Filadélfia, tornou realidade. Agora, independentes, os *americanos ingleses* tratavam de inventar seu país. Na América, parte daquele grupo redigia em princípios de 1787 a Constituição que se tornaria o documento fundador da primeira democracia moderna. Na Europa, alguns dos delegados tratavam de esboçar as relações exteriores.

O seu não era ainda um país rico ou mesmo poderoso. Pelo contrário: era frágil, embora já mítico e capaz de fazer sonhar. Parte da missão daqueles primeiros embaixadores era costurar as relações, no exterior, que garantiriam a delicada sobrevivência de sua nação, consolidando a independência. Fora exatamente essa missão que trouxera Jefferson à região da Provence, no sul da França. As águas termais da capital, Aix, eram recomendadas para sua recuperação. Inteligente, culto, interessado em história clássica, ninguém estranharia que, estando lá, o embaixador aproveitasse para passear por Nîmes, uma pequena cidade a 100km, conhecida pelas estupendas ruínas romanas.

Nîmes seria também um lugar neutro, longe de olhos indiscretos, onde poderia se encontrar com seu correspondente. Vendek havia se apresentado a Jefferson por carta em outubro do ano anterior. "Sou estrangeiro", explicava o homem sem determinar a origem. "Peço que tenha a bondade de dizer se é seguro me comunicar por escrito". O francês escrito era ruim. O portador da mensagem, um irmão da maçonaria francesa chamado Joseph Marie Vigarous, era um conhecido professor de medicina na Universidade de Montpellier e conselheiro do rei — inspirava confiança. O embaixador norte-americano lhe garantiu que as cartas seriam seguras. "Sou brasileiro", escreveu então Vendek, ainda sem revelar sua identidade. "Minha desgraçada pátria geme escravizada, o que se torna cada dia mais insuportável desde vossa independência". O homem queria conversar mas buscava um lugar seguro. No campus de Montpellier, onde estudava, havia informantes portugueses. "Resolvemos seguir o admirável exemplo que nos dão os americanos, romper as correntes e fazer reviver nossa liberdade, que hoje está morta."

Hospedado naquele mesmo hotel de Nîmes,[1] na manhã do dia 20 de março de 1787, o carioca José Joaquim da Maia, 36 anos, aluno do doutorado em medicina de Montpellier, pôs pela primeira vez os olhos no embaixador Jefferson, a imponente figura que o inspirava.

No início, eram doze e pretendiam cometer um crime. José Joaquim da Maia e José Mariano Leal da Câmara, cariocas. José Pereira Ribeiro, Diogo de Vasconcelos, Francisco de Melo Franco e José Álvares Maciel, mineiros.[2] Os nomes exatos dos outros estudantes que completaram o Pacto dos Doze[3] se perderam, mas possivelmente a lista incluía o jovem

---

[1] JARDIM, Márcio. *A Inconfidência Mineira: uma análise factual.*

[2] FURTADO, Júnia Ferreira. *Sedução, heresia e rebelião nos trópicos: a biblioteca do naturalista José Vieira Couto.*

[3] VARNHAGEN, Francisco Adolfo de. *História geral do Brasil.*

paulista José Bonifácio de Andrada e Silva. Encontraram-
-se em Coimbra, onde todos viviam. Num poema crítico à
política do ministro do Ultramar, Martinho de Melo e Castro, um deles citara brevemente o grupo: *apenas se acham ao
muito doze que o nome de estudantes bem mereçam*. José Bonifácio foi autor de outro poema cujo título dá tom ao clima
de muitos dos brasileiros na universidade portuguesa, na
década de 1780: "O monstro horrendo do despotismo".[1]

Reunidos no campus em 1785, os doze prometeram um
ao outro que não descansariam antes que vissem o Brasil
independente.

Para os jovens portugueses ou brasileiros, a vida em
Coimbra não era muito diferente da vida dos universitá-
rios em qualquer parte do mundo que ainda hoje deixam
a casa dos pais para estudar. Viviam, na maioria, em repúblicas, dividindo casas nos arredores do campus. Em geral,
reuniam-se de acordo com a origem ou, como chamavam,
pela *pátria chica*. A pequena pátria: Porto, Braga, ou mesmo Bahia, Minas, Rio, todas províncias de Portugal. Davam
festas, embriagavam-se, envolviam-se com mulheres. Mas
eram também inspirados por professores, e seu mundo se
abria perante inúmeras possibilidades. Principalmente,
escreviam poemas sobre tudo.

---

[1]   JARDIM, Márcio. *Op. cit.*

Em finais dos anos 1770, um veterano brasileiro dava conselho em versos para os que chegavam da América. *Não esperes, brasileiro, por mais finezas que faças, alcançar de Lizia bela os mimos das suas graças. Não respondas a seus ditos, não dês crédito, ouve e cala: se o teu intento é ires a Coimbra a te formares, aproveita o tempo somente a estudares.* Uma década depois, outro contava ao pai o momento de sua chegada, numa carta: logo "a sala se cobriu de estudantes a fazerem o que costumam aos que são novatos e nos trataram com melhor modo e brandura do que imaginávamos".[1]

Era uma viagem difícil. Dois meses para atravessar o Atlântico vindos da Bahia ou do Rio, e mais dois dias no lombo de mulas de Lisboa até Coimbra. Muitos dos portugueses passavam temporadas na universidade, voltavam para casa e retornavam. Para os brasileiros, esse ir e vir se tornava inviável, e ficavam ali durante todo o curso.

Desde o governo Pombal, Coimbra se tornara uma peça fundamental na política do Império. Fundada em 1290, uma das primeiras instituições de ensino europeias, até meados do século XVIII se dividia entre os cursos de direito canônico ou civil e medicina. A Reforma Educacional instituiu fortes cursos de ciência e filosofia. Na gestão de um Império cada vez mais dependente da extração de minérios, ciência se tornara fundamental. Parte do objetivo de atrair os filhos da

---

[1] CRUZ, Ana Lúcia Rocha Barbalho da; PEREIRA, Magnus Roberto de Mello. *Ciência, identidade e cotidiano: alguns aspectos da presença de estudantes brasileiros na Universidade de Coimbra, na conjuntura final do período colonial.*

elite financeira e intelectual da colônia para aquela universidade era controlar sua formação, mas também aproveitar o cotidiano estudantil e acadêmico e criar uma camaradagem portuguesa. Um sentimento de que pertenciam todos a um mesmo conjunto. Não deu certo de todo.

A vasta maioria dos alunos brasileiros, até a década de 30 daquele século, vinha da Bahia e do Rio, mas, conforme a importância econômica de Minas crescia, também o número de estudantes mineiros ultrapassou o de baianos e cariocas.[1] Se, entre os brasileiros, o curso de direito predominava, a partir da década de 1770, com a Reforma, a preferência começou a recair sobre os voltados para as ciências.

Poucos professores deixaram uma marca tão forte nos alunos daquela geração quanto o químico italiano Domenico Vandelli.[2] Nascido em Pádua, tinha 42 anos quando o marquês de Pombal o convidou, em 1772, para assumir as cadeiras de história natural e de química na nova Faculdade de Filosofia. Maçom, Vandelli era um professor carismático, com inúmeros interesses que iam da ciência pura à tecnologia, incluindo o estudo da botânica e o desenvolvimento de indústrias.

---

[1]   SILVA, Luana Melo e. *A Universidade de Coimbra e a formação das elites mineiras.*

[2]   COSTA, António Amorim da. *Domenico (Domingos) Vandelli (1730-1816).*

Em 1779, foi um dos principais incentivadores da criação da Academia de Ciências de Lisboa. Melo e Castro, o sucessor de Pombal, não gostava da ideia de uma instituição que incentivava conversas livres sobre ideias novas. Mas assumiu a presidência da Academia João Carlos de Bragança, o duque de Lafões. Era neto de d. Pedro II, o bisavô da rainha. Com um membro da família real no comando, o ministro do Ultramar podia se queixar da instituição, mas tinha pouco espaço para reprimir.

Muito do método de ensino de Vandelli era prático. Incentivava seus alunos a deixar as salas de aula para se dedicarem à pesquisa de campo. Um dos mineiros que frequentaram suas aulas foi José Álvares Maciel. Filho e homônimo do velho capitão-mor de Vila Rica, viera para Coimbra aos 22 anos, em 1782. Passou longas temporadas na vizinha Serra da Estrela, em Portugal, investigando sua formação mineral. Em seu período de coimbrão, antes de seguir para Montpellier candidato ao doutorado, José Joaquim da Maia também foi seu aluno.

A história da Maçonaria é cercada de mais lendas do que de fatos. Durante o século XVIII, a versão mais popular, sustentada tanto por críticos quanto por maçons, era a de que a sociedade descendia dos Cavaleiros Templários, banidos da Igreja no início do século XIV, durante o reinado do francês Felipe IV, o Belo. Acusados de heresia, os templários foram em grande parte presos e executados, mas muitos se refugiaram. Alguns dos que escaparam para a Escócia teriam criado a maçonaria.

A história real mais provável é outra,[1] e sua origem está nas guildas, as corporações de ofício medievais. Muito antes do Iluminismo, antes ainda dos Descobrimentos, quando a vida urbana apenas se iniciava na Europa, carpinteiros, tecelões, sapateiros, pedreiros e outros tantos profissionais se organizavam em guildas. Essas organizações determinavam as regras que definiam quem podia se tornar aprendiz, instituíam padrões de qualidade, estabeleciam preços e obrigações. Serviam para regular o mercado, mantendo um número constante de pessoas trabalhando, garantindo que ninguém se destacaria tanto que pudesse atrapalhar o padrão de vida do outro.

Mason, em inglês, ou *maçon*, em francês, é o termo para pedreiro. No sentido medieval, aquele que trabalha com pedra. Na Inglaterra, os *masons* se distinguiam entre dois grupos. *Hardstone masons* trabalhavam a pedra dura de Kent, usada para sustentar os grandes castelos e igrejas. *Freestone masons* tinham função mais sofisticada: esculpiam as pedras macias que vinham de Dorset e Yorkshire, fazendo as delicadas cantoneiras e esculturas que davam graça à arquitetura medieval. A guilda inglesa dos *Freemasons*, portanto, reunia inicialmente os profissionais que trabalhavam a pedra macia.

---

[1]   RIDLEY, Jasper Goodwin. *The Freemasons, a History of the World's Most Powerful Secret Society.*

Em finais da Idade Média, não era raro que indivíduos que não pertenciam a um ofício fossem convidados a participar de guildas. Inicialmente, eram filhos de membros que haviam decidido seguir profissão distinta dos pais mas que haviam herdado a posição. Depois, convidavam aristocratas como membros honorários para deles atrair proteção. Como se deu a transformação não é certo, mas, entre os séculos XV e XVII, na Inglaterra, a guilda dos *Freemasons* se transformou lentamente numa organização na qual a maioria dos membros já não era mais formada por pedreiros. Muitos eram nobres e intelectuais. Tornaram-se uma sociedade de homens que cultivava misteriosos segredos. Na origem lendária, o tal segredo teria sido passado de pedreiro a pedreiro desde o homem que construíra o Templo do rei Salomão. "Mesmo que o segredo seja que não há qualquer segredo", disse o filósofo John Locke, "está aí um segredo que guardam muito bem". A perspectiva de ser iniciado neste mundo e conhecer algo desconhecido por quase todos era, desde o início, boa propaganda.

Quando a organização começou a se espalhar pela Europa continental, no início do século XVIII, trazia imbuída em sua filosofia alguns dos princípios que tornavam a Inglaterra um país ímpar. Desde a Revolução Gloriosa de 1688, acima do rei havia a *Bill of Rights*, uma declaração de direitos que encerrava qualquer possibilidade de poder absoluto. Enquanto os monarcas do continente poderiam condenar à prisão ou mesmo à morte qualquer súdito apenas manifestando seu desejo, os reis ingleses tinham inúmeros limites. Ao parlamento era franqueado o direito de livre debate, e punições cruéis se tornaram ilegais. O direito ao *habeas corpus* já havia sido garantido anos antes.

Mais do que misteriosos segredos, para muitos no continente europeu esses valores herdados pela maçonaria do país em que nascera eram particularmente atraentes. Com eles vinham outros, bem distintos daqueles das antigas guildas. A crença no livre comércio entre homens, por exemplo, ou o incentivo ao deísmo, a crença religiosa que se tornara popular entre alguns iluministas. Não importava qual religião, que rito, o indivíduo seguia. O importante era que acreditasse em Deus, ou, na terminologia maçônica, o Grande Arquiteto. Pelo menos desde a década de 1730, a Grande Loja Maçônica de Londres já aceitava até irmãos judeus.

Na década de 1780, a organização não era monolítica. Maçons não necessariamente se davam uns com os outros, havia rivalidades entre lojas ou mesmo entre as irmandades de uma nação e outra. Contudo, tanto na Grã-Bretanha quanto no continente, havia acadêmicos, religiosos, nobres e comerciantes entre os maçons. As lojas eram ambientes onde havia relativa liberdade para conversar. Tecnicamente, as discussões sobre política ou religião eram vedadas durante as reuniões, mas a filosofia principal dos maçons formava essencialmente uma plataforma política antitotalitária. E uma rede de contatos entre pessoas de interesses comuns se formara, o que permitia que irmãos pudessem recorrer uns aos outros em outras cidades ou países quando necessário.

Alguns dos heróis da revolução norte-americana eram maçons, como o general George Washington e o sempre caótico e brilhante Benjamin Franklin. Thomas Jefferson, não.[1] Tinha até reservas públicas sobre irmandades secretas, mas tinha amigos maçons. Em Portugal, o intendente de polícia Diogo Inácio de Pina Manique suspeitava de quaisquer instituições que cheirassem a Iluminismo. Valia para a Academia de Ciências de Lisboa ou para a maçonaria, pois tinha suas razões. Maçons escreveriam, nos anos seguintes, as letras de músicas revolucionárias como a "Marselhesa" e a "Internacional".[2] E gente importante, como o professor Vandelli, pertencia à maçonaria.

De todos os homens condenados pela Inconfidência, é certo apenas que José Álvares Maciel pertencia à irmandade. Depois de 1790, quando as extensas prisões dos mineiros já haviam sido decretadas, a maçonaria cresceria muito no Brasil. Para conversar sobre independência seria preciso ter ainda mais cuidado. As organizações secretas facilitavam os contatos, mas, por mais que tenham investigado, os juízes não encontraram quaisquer elos entre os conspiradores de Vila Rica e os maçons.[3]

Lendas e inúmeras teorias conspiratórias são fartas.

José Joaquim da Maia era um homem que sofria com a tuberculose. Matriculou-se para o doutorado em medici-

---

[1]   *The Thomas Jefferson Encyclopedia.*

[2]   RIDLEY, Jasper Goodwin. Op. cit.

[3]   MAXWELL, Kenneth. *A devassa da devassa.*

na na Universidade de Montpellier, no sul da França, em agosto de 1785, pouco após ter firmado o Pacto dos Doze, em Coimbra. Seu pai, um pedreiro tornado empreiteiro, havia feito algum dinheiro no Rio encarregado de obras públicas.[1] "Sendo filho de um pobre pedreiro", disse certa vez,[2] "nunca podia fazer seu nome brilhante e célebre senão intentando uma ação extraordinária". No primeiro semestre do ano seguinte, dois novos alunos brasileiros se registraram nos cursos de Montpellier. Um, o mineiro Domingos Vidal Barbosa, se tornaria amigo de Maia. O outro, o carioca Eleutério José Delfim, matriculou-se para logo abandonar o curso e sumir sem deixar, por vários anos, rasto documental.

Maia e Delfim tinham muitos elos em comum. Além de terem nascido na mesma cidade, eram sustentados na Europa por uma mesada paga por Caria Neto,[3] um homem de negócios do Porto. Não era um arranjo incomum. O contratador mineiro João Rodrigues de Macedo contava com seu irmão, que vivia em Coimbra, para pagar inúmeras mesadas para jovens da capitania. Esses gastos entravam na conta dos acertos entre negociantes do reino e da colônia. Os pais de Maia e Delfim eram também amigos, membros de uma classe mercante carioca que se beneficiaria com

---

[1]   *Autos de devassa da Inconfidência Mineira*, vol 1.

[2]   Depoimento de Domingos Vidal Barbosa. In: *Autos de devassa da Inconfidência Mineira*, vol. 4.

[3]   GONÇALVES, Adelto. *Gonzaga, um poeta do Iluminismo.*

mais liberdade para o comércio. E, possivelmente, Eleutério fora ao campus não como aluno, mas como o emissário[1]
disfarçado de estudante de um grupo de cinco comerciantes cariocas que incumbiriam Maia de uma missão: buscar
apoio, junto aos americanos ingleses, para um movimento
de independência da América portuguesa.

A doença não lhe permitira seguir a Paris para se encontrar com o embaixador norte-americano, mas, naquele 20 de março em 1787, tinha à sua frente o homem que
escrevera a declaração de independência dos Estados Unidos. As credenciais de seu professor, maçom e conselheiro
do rei, haviam lhe dado credibilidade para estabelecer o
contato. A explicação de que buscava repetir no Brasil um
movimento semelhante despertara interesse em Jefferson.
Estavam ali, e Maia tinha informação.

Os portugueses no Brasil, disse, são poucos, e a maioria está há tanto tempo na colônia que, se houver seces-
são, provavelmente prefeririam a América. Existem 20
mil homens nas tropas regulares, quase todos nascidos
no país. A maioria da população livre tem armas, que usa
para caçar. No Rio, na antiga capital Salvador e em Minas
haveria gente suficiente interessada na independência, e,
com as três reunidas, o resto da terra viria junto. Precisa-
riam, no entanto, do apoio de navios e de marinheiros,
de oficiais com experiência de guerra e de munição. Sem
Exército ou Marinha, Portugal demoraria pelo menos um

---

[1]   *Autos de devassa da Inconfidência Mineira*, vol. 3.

ano para organizar um ataque contra os rebeldes. E, como sua riqueza vem do Brasil, o custo de uma segunda ofensiva seria impossivelmente alto. "Para aplacar o ódio", escreveria mais tarde Jefferson em seu relatório da conversa, "um antigo ministro adotou o meio de nomear brasileiros para alguns empregos públicos, mas os gabinetes que se seguiram voltaram ao antigo costume de conservar a administração nas mãos dos portugueses". As minas de ouro, explicou-lhe Maia, são de difícil acesso a um exército e o porto do Rio "é o mais forte do mundo, depois de Gibraltar".

Thomas Jefferson não era um homem sem contradições. Naquele período, escrevia longas cartas para a filha mais velha, recomendando que evitasse o que os franceses chamavam de *ennui* (apatia). "Nada corrói a felicidade de forma tão silenciosa quanto a apatia", escreveu para a moça.[1] Receitava que mantivesse mente e corpo ativos, que seguisse motivada pelos interesses mais diversos, embora ele próprio fosse dado aos longos períodos de melancolia. Escrevera que todos os homens são criados iguais, uma verdade "evidente por si mesma", e, no entanto, manteve escravos por toda a vida. Morreu dono de duzentos. Não era racista. Apaixonar-se-ia, assim como inúmeros dos *portugueses americanos* de Minas, por uma escrava com quem teve uma longa relação. Sally Hemings era mulata, filha ilegítima de seu sogro. Meia irmã, portanto, da mulher que o deixara viúvo. Em vida, teria ao todo seis filhos com Sally,

---

[1]   BERAN, Michael Knox. *Jefferson's Demons.*

e, contudo, escreveu na juventude tratados racistas sobre a falta de inteligência dos negros. Sua própria contradição pessoal, a do homem que fundou um país afirmando a igualdade entre os seres humanos sem, todavia, abolir a escravidão, pôs a semente que desencadearia, quase um século mais tarde, a Guerra Civil. E suas contradições estavam também ali, perante José Joaquim da Maia. Porque embora o revolucionário dentro dele estivesse atraído pela ideia de uma segunda república independente nas Américas, como embaixador precisava agir com mais cautela.

"Disse a meu interlocutor", escreveu em seu relatório ao secretário de Estado John Jay, "que somente podia comunicar-lhe minhas ideias como simples particular". Seu país ainda não estava formado, as treze colônias debatiam os termos que as uniriam definitivamente na forma de Estados Unidos. Apoiar uma revolução, naquele momento, seria uma aventura, e os negócios com Portugal lhes eram caros, então não poderiam formalizar qualquer acordo. Mas a revolução brasileira certamente os interessava. Não faltariam oficiais americanos que, fosse pela perspectiva de lucro, fosse por ideais, poderiam se juntar ao esforço, pois eles "têm a liberdade de ir para qualquer outra terra sem a necessidade de consentimento do governo".

Os dois, Jefferson e Maia, ainda se encontrariam uma última vez em maio daquele ano, na cidade de Bordeaux. O brasileiro, que acabara de pegar o diploma, acompanhava o mineiro Domingos, que se transferia para a universidade local. E Jefferson, vindo da Itália rumo a Paris, aproveitava para visitar a região vinícola. Foi só após essa última conversa, reforçada pelos detalhes sobre Minas, que ele escreveria seu relatório. Aquelas longas reuniões ainda mexeriam com a imaginação de muitos.

Além dos encontros com Jefferson, José Joaquim da Maia trazia, ao chegar a Lisboa, em dezembro de 1787, uma segunda notícia. Havia feito um acordo com um grupo de comerciantes, em Bordeaux, que lhe garantiam três navios carregados de suprimentos assim que ouvissem a primeira notícia de levante vinda do Rio de Janeiro.[1] Sua tuberculose piorava, estava fraco. Na capital portuguesa, encontrou José Álvares Maciel, amigo dos tempos de Coimbra.

Enquanto o médico estudava na França, Maciel passara um ano e meio na Inglaterra, entre Londres e, principalmente, Birmingham. A cidade, fundada no século VII, não longe da fronteira com o País de Gales, vivia uma revolução tecnológica. Importante desde os 1500 pela produção e pelo comércio de tecidos e instrumentos de ferro, vira surgir ao longo da segunda metade do século XVIII uma máquina de tear lã mais eficiente, o uso do carvão mineral vindo de Gales para produzir em massa peças de ferro fundido e, por fim, sofisticadas máquinas movidas a vapor. A primeira Revolução Industrial estava nascendo ali, e, entre 1786 e 1787, o jovem Maciel aprendia a desenvolver uma

---

[1]   *Autos de devassa da Inconfidência Mineira*, vol. 3.

indústria metalúrgica. Se Birmingham era o berço daquela revolução por conta das possibilidades minerais da terra, o mesmo poderia se dar em Minas, também riquíssima em ferro.

As possibilidades, sempre as possibilidades.

Dez anos mais jovem do que Maia, Maciel fora um aluno excepcional, graduado em engenharia de Minas e metalurgia por unanimidade da banca. Chamara a atenção de Vandelli por ter descoberto jazidas de arsênico na Serra da Estrela.[1] O semimetal era usado na composição de remédios para sífilis. Em 1784, fez parte de um grupo que levou aos ares balões de hidrogênio, um evento assistido pela massa dos estudantes coimbrãos, por professores e até pelo reitor. Apenas um ano antes, em Paris, os irmãos Joseph e Jacques Montgolfier haviam feito subir o primeiro balão tripulado, e aquilo mexia com a fértil imaginação científica de Maciel.

O jovem engenheiro não estava imune às notícias de Minas. Sob o governo de Cunha Meneses, seu pai, o velho capitão-mor de Vila Rica, fora humilhado. Primeiro, tivera sua função de chefe da polícia ignorada quando não colaborou para encher a cadeia de presos que se voltassem ao trabalho forçado. Depois, em julho de 1786, sua fazenda foi invadida numa operação de busca e apreensão ordenada pelo governador e executada pelos Dragões de Minas. Situação delicada, constrangedora. O comandante

---

[1]   JARDIM, Márcio. Op. cit.

dos Dragões, Francisco de Paula Freire de Andrade, era cunhado do jovem Maciel, casado com a filha do velho. Seja lá o que buscavam, não foi encontrado.

Não é à toa que, como Maia, também ele mantinha aceso na memória o Pacto dos Doze. Em Londres, Maciel fez contatos com negociantes prospectando a futura independência. Deles, ouviu que ninguém entendia por que os brasileiros ainda não haviam seguido o exemplo vindo do norte. No caso de Maia, que relatou em detalhes ao amigo seu encontro com Jefferson e o acordo com os homens de Bordeaux, sua carreira de revolucionário não duraria muito mais. Antes de 1788 terminar, a tuberculose o mataria. Mas 1788 não seria mesmo um ano qualquer para nenhum deles.

Em março, José Álvares Maciel embarcou para o Rio de Janeiro após sua temporada europeia. Além de tudo o que aprendeu, trazia também na bagagem uma cópia do *Recueil des Loix constitutives des Colonies Angloises Confédérées sous la dénomination d'États-Unis de l'Amérique-septentrionale*. A edição era constituída — traduzidos para o francês — da Declaração de Independência, do Ato de Confederação que reunia as treze colônias numa entidade formal, e das constituições da Pensilvânia e da Virgínia.[1] Anos depois, no depoimento aos juízes que investigavam a Inconfidência, declarou tê-lo adquirido num pacato leilão, em Birmingham. Dedicado a Benjamin Franklin, o volume fora publicado

---

[1]   SOUZA, Rafael de Freitas e. *O Tiradentes leitor.*

na Suíça. É estranho que um livro originalmente em inglês fosse parar em versão traduzida no interior britânico, mas não impossível. Assim como não é impossível que Maciel tenha dito aos juízes que o trouxera para não ter de explicar que o ganhara, em Portugal, de José Joaquim da Maia, e que sua origem era bem mais nobre: um presente pessoal do embaixador americano na França, Thomas Jefferson.[1]

Apenas alguns meses depois, aquele mesmo exemplar já estaria mexendo com a imaginação de outro homem, o alferes Joaquim José da Silva Xavier.

---

[1] *Autos de devassa da Inconfidência Mineira*, vol. 3.

SONHANDO A INDEPENDÊNCIA

Tiradentes era um homem angustiado naquele princípio de 1787. Foi tropeiro e comerciante, arriscava-se como dentista e cirurgião, tinha terras e um punhado de escravos que lhe rendiam algum dinheiro pela mineração. Já ia se aproximando dos quinze anos na carreira militar e permanecia na mesma patente com a qual entrara. Recitava a lista dos que entraram abaixo e já haviam sido promovidos para além de seu posto, de seus pares que se tornaram superiores. Parecia a ele, como lembraria depois, "que tinha sido muito exato no serviço". Era escolhido para "as diligências mais arriscadas", mas "para as promoções selecionavam os outros, que só podiam campar por mais bonitos ou por terem comadres".[1] Aos quarenta anos, sentia-se angustiado e amargo, precisava de outra vida. Afinal, que tipo de ho-

---

[1]   *Autos de devassa da Inconfidência Mineira*, vol. 5.

mem era ele? Contava entre seus amigos com alguns dos homens mais ricos da capitania: o fazendeiro José Aires Gomes, os contratadores João Rodrigues de Macedo, Joaquim Silvério dos Reis e o velho Domingos de Abreu Vieira — tão próximo que o alferes o escolheu para padrinho da filha. Em Vila Rica, ele próprio era vizinho de Macedo e Domingos. Viviam a meros passos uns dos outros, cerca de dois minutos caminhando. Entretanto, ele próprio não era um homem de posses, não naquele nível. Sua vida parecia empacada. Precisava de uma nova estratégia, uma rota de fuga. O alferes tinha habilidades e pensava — era do tipo que pensava muito —, planejava, sonhava. Sua cabeça era um turbilhão de ideias e projetos. Em 2 de março de 1787, deixou Minas. Estava cansado e licenciado.

A licença o permitia seguir para Lisboa, mas não o fez. Ficou pelo Rio de Janeiro, onde já vivera por mais de um ano, no início da carreira militar. A capital da colônia estava se transformando. Durante o governo do vice-rei Luís de Vasconcelos e Sousa, que já durava quase uma década, obras públicas se espalhavam por toda a cidade, e as carências de uma população que não parava de crescer eram muitas. Imaginativo, Tiradentes decidiu se fazer empreiteiro. Nos meses seguintes, correu o perímetro urbano e os subúrbios mapeando oportunidades.

Era um Rio diferente. O maciço da Tijuca, que separa as atuais Zona Sul e Zona Norte, o pico do Corcovado no meio, era um grande desmatado, suas encostas eram cobertas por plantações de cana-de-açúcar. Só muitas décadas depois, durante o Segundo Império, a Floresta da Tijuca foi plantada. Sem proteção ou precipitação nos morros, onde nasciam tantos rios, faltava água potável.[1] Mangues, charcos e pântanos, que emanavam cheiro forte e espalhavam mosquitos, não faltavam. Era uma capital portuária, que vivia do fluxo de navios entre colônia e reino, mas os armazéns eram poucos. Muitas vezes, os navios eram descarregados, as mercadorias que traziam ficavam expostas. Furtos não eram raros,[2] e faltavam moinhos onde alimentos, principalmente o açúcar, pudessem ser processados.

O alferes Joaquim José da Silva Xavier submeteu ao governo alguns projetos. O mais ambicioso era a canalização dos rios Andaraí e Maracanã. Nascido no maciço da Tijuca, os tupis o chamavam Andirá-y — águas dos morcegos. O rio Andaraí, que batizou um bairro, hoje se chama rio Joana e desemboca perto do Estádio que já foi o maior do mundo, no rio que lhe emprestou o nome: Maracanã. Em Vila Rica, os rios nascidos na serra do Espinhaço eram canalizados com manilhas feitas da maleável pedra sabão e se proliferavam em inúmeros chafarizes pela cidade. Ao longo daquela década, também o Rio de Janeiro estava ganhando chafarizes, embora em números muito menores e ainda insuficientes. Aproveitando o trabalho de nível que teria de fazer naqueles rios, Tiradentes pretendia ainda espalhar moinhos para aluguel e, no porto, construir um píer para

---

[1]   MATTOS, Rosa Augusta Aluizio de. *A gestão sustentável de recursos hídricos, o caso do controle das enchentes da bacia hidrográfica do rio Joana.*

[2]   JARDIM, Márcio. *A Inconfidência Mineira: uma análise factual.*

a embarcação de gado e armazéns. Se algum dos projetos fosse aprovado, ele sonhava, poderia enfim ficar rico. Foram todos devidamente encaminhados para a avaliação do Conselho Ultramarino, em Lisboa.

Na capital, porém, não lhe faltava oposição. Os donos de moinhos tinham o monopólio de uma atividade extremamente lucrativa. Quem explorava píeres, também. E muita gente fazia dinheiro distribuindo água em vasos por intermédio de escravos. Além disso, a canalização do rio Carioca, que havia exigido a construção de um portentoso aqueduto — os Arcos da Lapa —, parecia sugerir que a obra de trazer águas ainda mais longínquas seriam longas, complexas e talvez inviáveis. Fez inimigos entre tantos possíveis concorrentes que, certa tarde, teve de deixar uma das duas casas de ópera[1] da cidade sob vaias.[2] Foi um momento marcante que seria lembrado ainda por muitos meses, uma história que chegaria a Vila Rica.

Os projetos de Tiradentes jamais receberiam aprovação, mas não por serem inviáveis. Ainda antes da independência, o rio Joana seria canalizado por ordens do príncipe regente d. João, desembocando num imenso chafariz no Campo de Santana.

Tiradentes: um homem angustiado, amargo, em busca de perspectivas.

---

[1] CAVALCANTI, Nireu. *O Rio de Janeiro setecentista.*

[2] GONÇALVES, Adelto. *O inconfidente que virou santo: estudo biográfico sobre Salvador Carvalho do Amaral Gurgel.*

👑   👑   👑

Ideias nascem do encontro de pessoas com experiências distintas. Em junho de 1788, quando chegou ao Brasil, o engenheiro José Álvares Maciel, 27 anos, era um homem com inúmeras ideias novas, carregado de notícias e de informação. Tinha ideias sobre indústrias que o país poderia promover. Sobre as riquezas minerais ainda por explorar em Minas. Assim como trazia novidades sobre um mundo em convulsão. Foi natural que, sabendo de sua chegada, o alferes o procurasse. Não se conheciam, mas eram de Minas. O tenente-coronel Francisco de Paula Freire de Andrade, marido da irmã de Maciel, liderava os Dragões e, portanto, era comandante de Tiradentes. Seu pai, o capitão-mor de Vila Rica, era conhecido do alferes. E Maciel era um engenheiro de verdade, perante o qual Tiradentes não passava de um mestre de obras.

Um engenheiro vindo de Coimbra, com passagens pela Inglaterra, poderia ajudá-lo, pensou. Frustrado mas incapaz de se permitir derrubar, movido por um moto-contínuo de novas ambições, ele queria mostrar ao jovem Maciel seu rio Andaraí e lhe contar dos planos que tinha. E o engenheiro se deixou levar. Já mais de um ano depois, perante os juízes que o acusavam de conspirador, o engenheiro diria que "viu a dificuldade que aquilo havia de ter e conheceu que as ideias eram de pouco juízo".[1] Naqueles

---

[1] *Autos de devassa da Inconfidência Mineira*, vol. 5.

dias de intenso convívio com Tiradentes no Rio, porém, talvez tenha tido outra opinião.

Em comum, os dois tinham a ambição de encarar grandes projetos e a capacidade de absorver informação. Eram sonhadores, mas a idade e a condição social os distanciavam. Tiradentes não era pobre nem rico. Maciel era filho de um homem rico. O militar não havia estudado muito. O engenheiro era doutor. Um era o mar de frustrações; o outro, só possibilidades. Entenderam-se. Tiradentes sabia um quê sobre minérios na prática, por conhecer profundamente a capitania onde ambos nasceram, tendo-a explorado, patrulhado e nela traçado estradas. Via no governo de Luís da Cunha Meneses inúmeros obstáculos para si. Um governo que atrapalhava a ele e a seus amigos. Maciel, que lera em carta sobre as dificuldades do pai enquanto estava na Europa, compartilhava da mesma opinião.

Há poucos mistérios tão intransponíveis na história quanto o momento exato em que uma ideia surge. Homens se tornarão heróis ou vilões, abraçarão causas, tomarão decisões que seguirão por anos dissecadas nos livros. Mas o momento em que uma ideia foi plantada quase nunca deixa rastro documental. Em que instante, por exemplo, um fiel oficial militar de sua majestade, a rainha, por mais insatisfeito que esteja, se permite cogitar sedição? Entre todos os historiadores que se debruçaram sobre a Inconfidência, as teorias sobre em que momento a conspiração teve início são inúmeras. Há quem sugira que o projeto foi costurado ao longo de uma década. Certo é que nenhuma testemunha jamais sugeriu ter ouvido o alferes Joaquim José da Silva

Xavier falar de levante antes daqueles dias entre julho e agosto de 1788, quando, entre passeios pelas margens do Maracanã e conversas na sala do comerciante Francisco José Freire,[1] que hospedava Maciel, o assunto veio à tona.

Certa vez, contou-lhe o engenheiro, lera na *Oxford Gazette* a notícia de que o vice-rei havia morrido. A notícia estava errada, mas logo alguns comerciantes ingleses com quem convivia sugeriram que "era boa ocasião para enviar quatro navios ao Brasil".[2] No vácuo de poder, o bloqueio português estaria frouxo, e o contrabando seria facilitado. De seus amigos ingleses, disse-lhe Maciel, "ouvira falar com admiração de não terem seguido o exemplo da América inglesa". E, se acaso houvesse a independência, esses comerciantes imediatamente os apoiariam com suprimentos. Tiradentes era todo ouvidos. Um amigo dele, também estudante, ouvira a mesma promessa de comerciantes franceses. E esse mesmo amigo conversara com um ministro dos *americanos ingleses* que insinuava apoio.

Maciel deixou com o oficial sua cópia do *Recueil*, a coleção de textos legais traduzidos para o francês sobre a América inglesa independente. Silva Xavier não lia francês, a não ser de forma rudimentar, mas logo arranjaria um dicionário.

Aquele pequeno livro seria seu constante companheiro durante os meses seguintes, mas estava, havia um ano

---

[1]   *Autos de devassa da Inconfidência Mineira*, vol 2.

[2]   *Autos de devassa da Inconfidência Mineira*, vol 5.

e meio, licenciado e chegava a hora de voltar para Minas. Havia mudanças no ar, e um parecer final sobre seus empreendimentos cariocas parecia demorar. O governo de Cunha Meneses chegava ao fim, e não eram poucos os motivos de otimismo com o novo governador, que se encontrava no Rio. Não era o único mandato terminando em Vila Rica. Também estava no Rio o novo ouvidor, que substituiria Tomás Antônio Gonzaga. As constantes brigas entre governador e ouvidor talvez já estivessem incomodando alguém.

O alferes Silva Xavier não foi o único dos interlocutores que Maciel encontrou no Rio de Janeiro. Na casa de seu anfitrião, recebeu também algumas vezes o padre fugitivo José da Silva e Oliveira Rolim, velho contrabandista de diamantes e cunhado de Chica da Silva. Desde que fora expulso do Serro por Cunha Meneses, o padre se mantinha em movimento. Chegara ao Rio vindo de Minas, estivera antes em São Paulo, onde tinha boa relação com o governador. Amigo e contemporâneo de Tiradentes. Tinha esperanças de que, com o novo governador, sua sorte mudasse.

O terceiro amigo que Maciel fez no Rio chegara de Lisboa mais ou menos na mesma época que ele — o visconde de Barbacena, nomeado para o governo de Minas Gerais.

Luís Antônio Furtado de Castro do Rio Mendonça e
Faro, o visconde de Barbacena, era um homem afável. Estava para completar 34 anos e vinha de uma das famílias
mais nobres de Portugal. Sua inteligência chamara tanto a
atenção que, ainda aos quinze anos, foi encaminhado para
Coimbra por recomendação do marquês de Pombal. Pegou
a primeira turma da universidade pós-reforma, imediatamente adotado pelo professor então recém-chegado, Domenico Vandelli, que era substituído por ele quando estava
doente. Era engenheiro formado, "uma revelação", segundo o reitor,[1] e aos dezenove anos seguiu para o segundo diploma, em direito.

Fez direito porque nobres, quase todos, estudavam direito. Mas a sua era uma alma de cientista. Esteve entre os
fundadores da Academia de Ciências de Lisboa. Passou seus
primeiros anos de adulto investigando jazidas de minério
em Portugal. Nomeado para o governo de Minas, contra-
riando o que quase todos os governadores sempre fizeram,
Barbacena veio com a mulher e seus três filhos pequenos.
Parecia, desde aquele início, repetir os passos do benquisto
d. Rodrigo, antecessor de Cunha Meneses.

Era o governador perfeito. Para aquela terra da qual
todo o Império Português dependia por conta de suas riquezas minerais, era difícil imaginar um homem mais apto
ao comando do que um mineralogista. Nobre como era, tinha seu status e fortuna intimamente ligados aos destinos

---

[1]   JARDIM, Márcio. Op. cit.

de Portugal, mas o ministro do Ultramar, Martinho de Melo e Castro, via com desconfianças aquele grupo de cientistas ao qual Barbacena estava afiliado. Não fora seu presidente um primo da rainha, tudo seria muito diferente. Ainda assim, para conseguir o cargo no Brasil, seu primeiro num governo, Barbacena teve de renunciar à Academia. Ainda em Lisboa, ele pediu ao Conselho que lhe destacasse um assessor especializado em minerais. Não lhe foi concedido. Mas, chegando ao Rio, logo conheceu um jovem mineiro, também recém-chegado e aluno de Vandelli. Se Barbacena era o governador perfeito, Maciel seria seu braço direito perfeito.

A boa relação entre os dois foi inevitável. Tinham interesses demais em comum. E o jovem Maciel trazia da Europa exatamente o tipo de educação na qual o visconde acreditava. Além de ser seu assessor para mapear os veios de ferro, cobre e salitre na capitania, teria uma função mais íntima: a de preceptor das três crianças. Cuidaria de sua formação nos anos passados no Brasil.

A viscondessa, Ana Rosa de Melo, filha de um marquês, estava doente e não conseguiria enfrentar a longa viagem serra acima. Barbacena tinha pressa para começar o trabalho e, em julho, decidiu seguir para Vila Rica. Sua mulher e as crianças estariam bem, hospedadas com seu tio. E Maciel as acompanharia assim que estivessem aptas à viagem. Na capital mineira, o visconde reencontraria pelo menos um velho conhecido de Portugal, o ouvidor Tomás Antônio Gonzaga.

O padre Rolim não era um homem sonhador e não se deixara levar por ideias e notícias de Álvares Maciel. Vivia no mundo prático, não no das ideias, e nesse seu mundo tinha um problema. O banimento não o impedia de frequentar Minas, muito menos o Serro, mas precisava se hospedar em fazendas afastadas, procurava viajar fora das estradas e, quando nas cidades, se via obrigado a sair mais de noite do que de dia. Mais que um inconveniente, aquilo lhe atrapalhava os negócios. E se o sacerdote sabia fazer algo era dinheiro, usando seus contatos e a total falta de pudor no contrabando.

Antes de seguir para o Rio, passara por Vila Rica. Início de janeiro daquele 1788. Precisava conversar com seu advogado, o poeta Cláudio Manuel da Costa, e saber das novidades. Na casa do ouvidor, Gonzaga era hóspede de um primo, também juiz, Joaquim Antônio Gonzaga.[1] Seguia para assumir como ouvidor no Serro do Frio. Era bom agouro ter o novo juiz de sua terra entre seus contatos próximos. Melhor notícia ainda era que o novo governador nomeado era conhecido do ouvidor. Ninguém melhor do que o novo general para cancelar uma ordem do velho. Pela primeira vez em muito tempo, o pragmático Rolim via motivos para otimismo.

Na maior parte do tempo, porém, mantinha-se recolhido numa casa distante. Lá, recebia o capitão-mor José

---

[1]   *Autos de devassa da Inconfidência Mineira*, vol 2.

Álvares Maciel, que o recomendava procurar no Rio seu filho que chegava da Europa. Seu amigo, o tenente-coronel
Francisco de Paula, casado com a filha do velho Maciel, era
também assíduo na visitante. Dizia que as chances de Barbacena perdoá-lo eram grandes. Tentava animá-lo. À noite,
Rolim jogava gamão ou cartas com os amigos. Tinha agora
um novo membro em seu círculo de amizades. O contratador Domingos de Abreu Vieira. Compadre de Tiradentes,
vizinho de frente de João Rodrigues de Macedo. Tinham
interesses comuns no negócio das pedras.

Rolim chegou ao Rio em 23 de março, dia de Páscoa.
Tiradentes, seu velho conhecido, fazia um ano na cidade,
enquanto José Álvares Maciel e Barbacena ainda estavam
para chegar.

Em meados de 1788, Tomás Antônio Gonzaga era um
homem perdidamente apaixonado.

Foi mais ou menos quando Barbacena chegou a Minas
que o ouvidor requereu a Lisboa licença para se casar com
Maria Doroteia Joaquina de Seixas. A moça, uma menina
aos dezenove anos, tinha belos e longos cabelos negros. Filha do capitão Baltazar João Mayrink. Durante o governo
de Cunha Meneses, ele fora deposto do cargo de responsável pela segurança do Distrito Diamantino. Era acusado
de não ter feito nada para conter o contrabando. Réu confesso. Quando o processo passou pelas mãos de Gonzaga,
no ano anterior, o desembargador se limitou a reformá-lo

compulsoriamente sem qualquer condenação.[1] Já esticava o olho para sua filha e pertenciam, ambos, ao mesmo grupo político.

Desde a morte de sua mãe, quando ainda era criança, Doroteia vivia com os tios, Antônia Cândida de Seixas e José Luís Saião, capitão dos Dragões. Sua casa, na rua Direita, dividia muro com a residência oficial do ouvidor. Porque a casa de Gonzaga, na ladeira íngreme, ficava imediatamente acima, de seu jardim de árvores frutíferas podia ver o quintal dos vizinhos e, lá, Doroteia. Possivelmente a viu crescer. Os íntimos a chamavam de Duruta.[2] A Marília morena a quem um dia, na solidão da cadeia, o poeta lembrou escrevendo *nesta cruel masmorra tenebrosa, ainda vendo estou teus olhos belos, a testa formosa, os dentes nevados, os negros cabelos.*

Não é ali, tampouco na casa de depois da praça onde viveu quase toda a vida, que Doroteia é celebrada, na Ouro Preto turística. É coisa de um quilômetro antes, na residência onde morou quando criança, em frente à qual hoje está o Largo de Marília. Por ter sido noiva de Gonzaga, é a única celebrada pela história oficial como Marília de Dirceu. Não faltam críticos literários que, para lidar com o fato de que há versos para Marília loura e outros para Marília morena, sugerem que o poeta tentava compatibilizar seu amor real com um ideal greco-parnasiano importado da Europa, de-

---

[1]   GONÇALVES, Adelto. *Gonzaga, um poeta do Iluminismo.*

[2]   OLIVEIRA, Tarquínio J.B. de. *As cartas chilenas, fontes textuais.*

vidamente louro. Gonzaga, como Vinicius de Moraes, era literal e teve muitos amores. A história oficial pode reconhecer só uma Marília, mas hoje a existência de Marília loura não desperta qualquer polêmica entre historiadores.

Gonzaga persistia não sendo um homem de posses, possuindo não muito mais que roupas e alguns livros. Pode ter sido porque, na disputa com Cunha Meneses, ficou sem espaço, ou talvez tenha sido porque, embora não tivesse pudores de favorecer amigos com seu poder, não fosse o tipo de corrupto que acumula dinheiro. Ao fim de seu mandato, Gonzaga continuava precisando trabalhar para garantir o sustento. Por vezes, lembrava a sorte de Anselma, que o trocara pelo governador, e refletia sobre o futuro magro que poderia oferecer a Doroteia. Embora, escreveu para sua jovem noiva sobre sua amante anterior, *as paredes da sala onde habita, adorne a seda e o tremó dourado, pendam largas cortinas, penda o lustre do teto apainelado, tu não habitarás palácio grande, nem andarás nos coches voadores. Porém terás um Vate que te preze, que cante os teus louvores.*

Para um homem sem grandes reservas financeiras, o momento não era dos melhores para o amor. Diferentemente de Anselma, a jovem Doroteia tinha uma família atenta. A moça não viveria em concubinato e, para casar, seria necessário esperar uma autorização real. O relógio corria contra. A espera teria de ser por vários meses. Seu sucessor, o ouvidor Pedro José Araújo de Saldanha, estava para chegar. Gonzaga, por sua vez, fora nomeado para assumir a ouvidoria em Salvador, a capital baiana. No momento em que passasse o comando, estaria sem salário até tomar posse no novo posto. Mas, para casar, seria preciso esperar pacientemente a sanção real em Vila Rica.

No dia 12 de agosto de 1788, partiu a cavalo do Rio seguindo para Vila Rica um grupo de homens. Entre eles estava o desembargador Pedro José de Saldanha, e, juntando-se a seus camaradas Dragões que o escoltavam, retornava para casa o alferes Joaquim José da Silva Xavier. Fazia um mês que o visconde de Barbacena tomara posse, com promessa de novos ares. No dia 20, o grupo cruzou a fronteira entre as duas capitanias e, no dia 21,[1] saltou na Fazenda da Borda do Campo para pernoitar. Lá os esperava um velho amigo de Tiradentes, o coronel José Aires Gomes.

Gomes estava com 54 anos e sua relação com o alferes era próxima. Haviam percorrido juntos, inúmeras vezes e por longos dias cada uma, as matas da Serra da Mantiqueira, à caça de bandoleiros, nos tempos de d. Rodrigo. Foi por intermédio do fazendeiro que o militar conseguira as sesmarias próximas dali, que lhe garantiam a renda que aliviou o período de licença sem soldo, por um ano e meio. Por outro lado, Tiradentes fora o braço militar que dava ao velho fazendeiro, um dos homens mais ricos de Minas, autoridade local.

Não se viam fazia tempo. Tiradentes encontrou um Aires Gomes otimista, interessado em ouvir suas histórias do

---

[1] *Autos de devassa da Inconfidência Mineira*, vol 1.

Rio e os projetos. Pouco mais de um mês antes, quando vinha da capital, Barbacena havia passado uma noite em sua fazenda. Prometera voltar, pois pretendia se encontrar com a mulher no meio do caminho quando ela viesse. À noite, sozinhos numa sala, os dois amigos conversavam. "Muito agradável e atencioso para todos", comentou o fazendeiro. Estava impressionado com o governador, diferentemente do alferes. "Antes fosse o Diabo, pior do que o antecessor", resmungou. Seu amigo ficou surpreso com a reação. "Estes generais só vêm cá a buscar dinheiro", continuou Silva Xavier. Em seus depoimentos em juízo, tanto Tiradentes quanto Aires Gomes lembrariam com precisão o que disseram um ao outro naquela noite, um diálogo descrito em detalhes e quase sem discordância.

"Antes fosse o Diabo, porque poderia assim suceder que esta terra se fizesse uma República e ficasse livre dos governos que só vêm cá ensopar-se em riquezas de três em três anos." As longas conversas com José Álvares Maciel o haviam impressionado. O alferes esboçava e testava pela primeira vez, com seu amigo, um discurso que começaria a repetir ininterruptas vezes nos meses seguintes. "Nas potências estrangeiras se admira que a América portuguesa se não subtraía da sujeição de Portugal".

Tanto Tiradentes quanto Aires Gomes lembrariam que, naquela noite, surpreso ao ouvir pela primeira vez um discurso sedicioso, o fazendeiro o repreendeu, embora suas

1   *Autos de devassa da Inconfidência Mineira*, vol. 5.

lembranças insinuassem tons diferentes. "Sempre haverá um que nos governasse", disse-lhe Aires Gomes segundo Tiradentes, lembrando ainda um ditado — "Que se neste vale estou, outro melhor me parece". "Está louco", lembraria ter dito o fazendeiro, "aquilo não são coisas que se digam".

E os dois cultivaram um longo silêncio.

Na manhã seguinte, quando o ouvidor montou o cavalo para seguir no Caminho Novo a Vila Rica, o alferes se deixou ficar. Alguns dos agregados lhe pediram que arrancasse alguns dentes. Não se despediu do amigo. Passaria aquela noite alguns quilômetros adiante, na Fazenda do Registro Velho, que pertencia ao padre Manuel Rodrigues da Costa. Foi o segundo a ouvir o ensaio do discurso revolucionário.

Em 7 de setembro de 1788, o desembargador Tomás Antônio Gonzaga passou oficialmente seu cargo de ouvidor da capitania de Minas Gerais a Pedro José de Araújo Saldanha. Deixou também a residência oficial e se transferiu para o outro lado da rua, assentando-se provisoriamente num casarão em frente ao local em que vivia seu amigo Cláudio Manuel da Costa.

No dia 22 de setembro, um ansioso visconde de Barbacena se pôs no Registro do Paraibuna para esperar sua mulher e os filhos que vinham do Rio, acompanhados do jovem Álvares Maciel. Decidira, como seus dois antecessores, que ficaria vivendo no Palácio da Cachoeira, afastado de Vila Rica. No princípio, ainda tentou despachar na capital às quartas e aos sábados,[1] mas lentamente foi perdendo primeiro um dia, depois outro, e o hábito foi desaparecendo. Tinha um palacete pronto para a família, uma casa agradável com jardim e lago que fora restaurado uma década antes por d. Rodrigo justamente para ser um lugar bom de receber e divertido para crianças.

Logo após sua posse, tanto sua cordialidade quanto o perfil ilustrado eliminaram a amargura que tomara conta de Minas. Havia otimismo. Gente como o cônego de Mariana, Luís Vieira da Silva, e o recém-chegado filho do capitão-mor talvez sonhassem com o exemplo anglo-americano. Tiradentes podia estar começando, intimamente, a depositar suas ansiedades numa vaga ideia de República, já antevendo mais um fracasso nos projetos de empreendedorismo carioca.

Eram exceção. Em Minas, todos queriam pôr o passado para trás enquanto nutriam a esperança de que, com aquele governador, tudo seria diferente. Tudo voltaria a ser como antes. O que poucos sabiam, no entanto, era a natureza das ordens que Barbacena trazia de Lisboa. Pelas mãos daquele homem afável e inteligente, o pesadelo mineiro perigava ser ainda maior do que nos tempos do Fanfarrão Minésio.

---

[1]   JARDIM, Márcio. Op. cit.

NUMA NOITE DE CHUVA

No final da tarde, chovia. A água corria rápido, desviando-se dos pés de moleque às vezes pontiagudos, noutras roliços, ladeira abaixo. Rua Direita, direção de Ouro Preto. Fazia um friozinho mineiro. O sobrado do tenente-coronel Francisco de Paula Freire de Andrade, oficial comandante dos Dragões de Minas, tinha dois pisos. Ficava a poucos metros da praça, à esquerda de quem desce. No centro do prédio, uma grande porta de madeira, ombreiras em cuidadosa cantaria de pedra sabão, levava ao interior do edifício. Havia dois janelões de cada lado da porta, emoldurados da mesma forma, e, no segundo andar, cinco janelas menores em madeira simetricamente distribuídas.

A noite já ameaçava cair quando os homens começaram a chegar, de capotes e botas, seus cajados à mão. Uns vestiam uniformes militares, galões dourados nos braços. Outros, roupas civis. Havia ainda quem usasse batina. Vinham de toda parte da capitania. De Rio das Mortes e do Serro. De Mariana, ali próximo a Vila Rica. Hospedavam-se nas casas dos amigos, nenhuma longe demais que os impedisse de caminhar. Alguns eram jovens, outros mais velhos. Uns muito ricos, outros iam levando. Vinham conversando sobre o mesmo tema, conversas sempre furtivas, fazia meses. Conversavam entre si, mas nunca todos juntos, reunidos.

Era hora: 26 de dezembro, 1788.

O dono da casa, comandante Francisco de Paula, tinha 33 anos e comandava o Regimento Regular de Cavalaria de Minas desde sua criação, em 1775. "Um moço de viveza e compreensão", escreveu o vice-rei marquês do Lavradio no relatório que deixou a seu sucessor, Luís de Vasconcelos.[1] "Conserva o respeito e a obediência aos seus súditos, a quem trata com urbanidade". Chegou cedo ao cargo por ter sido criado por Lavradio desde a adolescência. E os cuidados do vice-rei, assim como o sincero carinho que lhe nutria, vinham de berço. Francisco era filho do segundo conde de Bobadela, José Antônio Freire de Andrade, que governou Minas e o Rio. Era sobrinho, portanto, do primeiro conde, Gomes Freire de Andrade, o mais poderoso português a governar o Brasil durante o século XVIII. Assim como o pai, também sua mãe era nobre, mas os dois não eram casados. Apenas por isso, embora fosse o primogênito, não herdou o título do pai. Nobilíssimo.

---

[1]   *Autos de devassa da Inconfidência Mineira*, vol. 5.

Em Minas, casou-se com uma das filhas do velho capitão-mor José Álvares Maciel, Isabel Querubina de Oliveira Maciel. Cunhado do moço engenheiro também chamado José Álvares Maciel. O velho Maciel era português, nascera em Braga, mas sua mulher, a mãe de José e de Isabel, vinha da nobreza da terra. Bisneta de Fernão Dias Paes Leme, o caçador de esmeraldas, um dos mais importantes bandeirantes paulistas. Seu tio-avô, Garcia Rodrigues Paes, havia sido um dos descobridores do ouro em Minas, o homem que abriu o Caminho Novo que ligava, até aqueles dias, Vila Rica ao Rio e hoje sobrevive, mais ou menos, no traçado da BR-040.

Francisco de Paula era um homem generoso. "Dotado de uma candura natural e de uma condescendência ilimitada", escreveria seu confessor na prisão.[1] Embora hierarquicamente muito superior, tinha fascínio por Tiradentes. Haviam servido juntos no Rio de Janeiro, em 1779.[2] E era culto. Os devassantes encontraram 84 livros em sua casa, um a mais do que na do desembargador Gonzaga. Agora, inspirado pelo cunhado e por seu alferes, começava a se ensaiar como um dos líderes de uma conspiração sediciosa. De um levante contra o trono português.

[1]   *Autos de devassa da Inconfidência Mineira*, vol 9.

[2]   JARDIM, Márcio. *A Inconfidência Mineira: uma análise factual.*

Quase três meses antes da reunião decisiva, em 8 de outubro, Minas inteira desceu a São João del-Rei para aquela festa. O desembargador Tomás Antônio Gonzaga, que acabara de transmitir o cargo de ouvidor uns dias antes, visitava a cidade pela primeira vez. Havia sido escolhido para padrinho do recém-nascido João Damasceno, filho de Alvarenga Peixoto e Bárbara Eliodora. João Rodrigues de Macedo viera também, para ser padrinho de José Eleutério, irmão do bebê, que já tinha um ano — batizado duplo. Na Igreja Matriz de Santo Antônio, o padre Carlos Correia de Toledo derramou água sobre a testa das crianças, cada uma no colo de seu respectivo padrinho, e fez o sinal da cruz com os santos óleos. Toledo era amigo íntimo e confidente, havia realizado o casamento acidentado dos pais e frequentava a casa da família.

Havia alegria, mas também tensão. Desde a posse do visconde de Barbacena, Minas, que já era dada ao disse me disse, foi inundada por boatos. A Derrama estava por vir, diziam uns. A cobrança de toda a dívida acumulada do Quinto do ouro era feita indiscriminadamente a todos. A cobrança de outras dívidas, talvez. A cassação de títulos militares. Investigações. Falava-se até em levantes.

Naquela tarde, na casa do sogro de Alvarenga, comeram e beberam muito. Tão presente nos pensamentos de todos quanto a alegria pelos meninos e pelo encontro de amigos estavam todos os rumores. Tanto a possibilidade terrível de uma Derrama quanto a perspectiva de uma Minas, talvez de um Brasil, livres. Os homens ali reunidos não tinham como saber detalhes sobre as ordens que o visconde trouxera de Portugal. Só repetiam o que tantos já diziam. Mas, para eles, alguns dos homens mais ricos, influentes e importantes da capitania, o levante não era um rumor, mas sim seu projeto. E, conforme o vinho de mesa passou a entornar com mais fluidez no giro das horas, o projeto foi ganhando tons de fantasia.

O padre Toledo esteve entre os que ergueram um brinde. Na nova ordem, disse, ele haveria de ser bispo.[1] Alvarenga ergueu seu copo:[2] "Lá vai à saúde da senhora dona Bárbara", disse, enquanto fitava a mulher, talvez com sorriso largo, "que há de ser rainha". O sargento-mor Luís Vaz de Toledo Piza, irmão do padre Toledo, resumiu o tom ao qual a festa tinha chegado quando disse que, "com o fagote que trazia à cinta, havia de cortar a cabeça do general". Do capitão-general, governador e visconde de Barbacena.

Os rumores, como é típico, estavam ancorados por fatos. O gentil Barbacena trouxera consigo, de Lisboa, um longo documento dividido em vinte capítulos e uma conclusão que entrava nos mínimos detalhes sobre o tipo de administração esperada pela coroa. Assinada pelo secretário do Ultramar Martinho de Melo e Castro, a *Instrução para*

---

[1] Depoimento do capitão de auxiliares João Dias Mota. In: *Autos de devassa da Inconfidência Mineira*, vol. 1.

[2] Depoimento do soldado do regimento pago Antônio Manuel de Almeida. In: *Autos de devassa da Inconfidência Mineira*, vol. 1.

o visconde de Barbacena, governador e capitão-general nomeado *para a capitania de Minas Gerais* era longa, mas não divagava nem se perdia em burocracia.[1] Contava a história de Minas desde a descoberta do ouro, explicava as dificuldades dos governantes, indicava as suspeitas de corrupção e, por fim, dava ordens para que fosse buscar o dinheiro devido.

"Uma das mais recomendadas obrigações da Junta da Fazenda", explica Melo e Castro no documento, é "a cobrança das dívidas pretéritas e o pronto pagamento dos rendimentos correntes". Não vinha sendo feito. Sua recomendação é que separasse as dívidas. As dos contratos de Dízimos e Entradas deveriam ser cobradas de quem as devia: dos contratadores que se comprometeram a pagá-las. A do Quinto, devida por toda a capitania, seria mais complexa e ia exigir análise por parte de Barbacena.

O ministro não finge desconhecer as alegações dos mineiros de que a extração de ouro vinha diminuindo. Os contratadores, escreve, "socorridos pelos seus protetores, o tem querido confundir com o estado decadente em que representam a capitania de Minas". Porém, ele continua, "ou a capitania de Minas se ache em uma situação abatida, ou florescente, certo é que José Pereira Marques, arrematando o contrato das entradas em 1785 por 375:812$000 réis, o conseguiu por um preço muito inferior ao seu ordinário rendimento". Independentemente de a capitania ir bem ou mal, por certo o contratador ofereceu pagar no

---

[1] *Autos de devassa da Inconfidência Mineira*, vol 8.

leilão menos do que avaliou que ganharia ao final do ciclo. O mesmo, seguia seu raciocínio, valia para todos os contratadores, em particular para João Rodrigues de Macedo, que se mostrara o mais ambicioso entre eles. Entre Dízimos e Entradas, nas contas de Martinho, do último quarto de século ficara déficit não pago 1:702:148$931 réis. O preço fixo da oitava de ouro (3,586g) paga pelo governo, em Minas, era dado em 1$200 réis. Os contratadores, nas contas da coroa, deviam em conjunto 5,1 toneladas de ouro.

Não estava teorizada ainda a ideia da bolha econômica, tampouco a irracionalidade que move investidores a acreditar que farão mais mesmo que perante dados concretos indicando o oposto. Corrupção, por outro lado, era bem conhecida dos portugueses, e, de ingênuo, Melo e Castro não tinha nada. Ele disseca a briga que tiveram, de um lado, Gonzaga e o intendente da Real Fazenda Francisco Gregório Pires Monteiro Bandeira e, do outro, o governador Luís da Cunha Meneses, que fez de José Pereira Marques vencedor do último contrato de Entradas. Naquele conflito com tanta gente poderosa, diz o ministro, só um era inocente: o pobre escrivão Carlos José da Silva. Este sugerira que, se o governo administrasse ele próprio os impostos, faria muito mais. Voto vencido. "Todos os mais votos de que se compunha a Junta", segue o relatório, "preferiam as utilidades particulares dos seus afilhados aos interesses da fazenda real porque não queriam privar-se dos emolumentos e propinas que percebiam do dito contrato".

O conceito da Derrama havia sido estabelecido por Alvará em dezembro de 1750. Era um acordo entre os mineiros e

Portugal. Pelo Quinto, comprometiam-se a pagar no mínimo cem arrobas, ou 1,5 tonelada, de ouro por ano. Caso a
quantidade paga fosse inferior, no ano seguinte seria executada uma Derrama na qual todos seriam instados a divi-
dir o déficit. Jamais ficou claro como esse procedimento se
daria, e ele só foi posto em prática uma vez, quando faltou
pouco para completar a cota de 1763. No ano seguinte, o governador cobrou uma quantia de todos os homens livres,
incluindo os do clero e até a ele próprio. Desde 1773, porém, a cota não completava e não houve quem lançasse a
Derrama. Nas contas da coroa, havia 538 arrobas por pagar.
Oito toneladas de ouro.

A *Instrução* do secretário do Ultramar não determinava
a execução imediata da Derrama. Mas ordenava a Barbacena que procedesse, logo ao chegar, uma inspeção dos documentos acumulados pela Junta da Fazenda. Queria um relatório em que fossem listadas "as diligências que fizeram,
os passos que deram ou as medidas que tomaram para evitar, ou ao menos suspender, os prejuízos da Real Fazenda".
Queria saber por que não fora executada uma Derrama.
"Logo que a dita conta estiver concluída, v. sa. dirigirá à real
presença de sua majestade para à vista dela determinar o
que for servida". O visconde, porém, tinha autonomia para
determinar uma Derrama, caso considerasse possível.

Se foi considerado tirano em Minas, em Portugal Cunha
Meneses era visto como inepto e corrupto. O último contrato de Entradas havia irritado Melo e Castro. A profusão de
títulos militares, idem. A tropa paga, os Dragões, era composta por oito companhias com 476 praças. Para completar

as necessidades de segurança da capitania, os governadores podiam estabelecer companhias auxiliares, financiadas por seus comandantes. Já existiam algumas, mas, durante o governo do *Fanfarrão Minésio*, Minas ganhou mais onze regimentos de cavalaria e oito de infantaria. Eram, pelo menos alguns deles, regimentos fantasmas. Não havia soldados, só uma lista de nomes. Serviam para dar títulos, todos devidamente pagos, à gente vaidosa. "O predecessor de v.s. não podia, sem primeiro dar parte a sua majestade, levantar os referidos corpos auxiliares, nem nomear para eles os Coronéis, Mestres de Campo, Tenentes-Coronéis, Sargentos--Mores e mais oficiais que nomeou". Alvarenga Peixoto, por exemplo, fizera-se coronel. E, sem desconfiar, estava para deixar de ser. "Logo que v.s. chegar à capitania de Minas, declare no seu real nome nula e de nenhum efeito a promoção de todos os oficiais que foram nomeados".

Barbacena estava para iniciar um governo fadado a ser impopular. E, como os detalhes de suas ordens não eram públicos, ninguém sabia ao certo no que acreditar. O quarto dos vinte capítulos das *Instruções* tinha, por título, *Da Insubmissão popular em Minas*. "Entre todos os povos de que se compõem as diferentes capitanias do Brasil", alertava o ministro, "nenhuns talvez custaram mais a sujeitar e reduzir à devida obediência e submissão de vassalos ao seu Soberano como foram os de Minas Gerais". Na avaliação de Melo e Castro, esse era um problema do passado. Ele não tinha ideia do que estava criando com suas novas ordens.

Poucas semanas após a festa de batizado, um dos participantes da beberagem enviou convocação por precatório ao alferes Joaquim José da Silva Xavier. Era o ouvidor de São João del-Rei, Luís Ferreira de Araújo.[1] A desculpa era algum problema na sucessão de seu pai, em São José del-Rei. Francisco de Paula, comandante dos Dragões, criava todas as facilidades das quais Tiradentes precisava. Com seu aval e o pretexto do documento, conseguiu a dispensa por parte do governador para se ausentar de Vila Rica por dois meses, entre novembro e dezembro.

Não ficou registro de que reuniões participou. Mas a comarca de Rio das Mortes, onde ficavam São João e São José, foi a que mais gerou inconfidentes. É o caso do fazendeiro José Aires Gomes, logo um dos primeiros com quem Silva Xavier conversara ao vir do Rio. Do padre Toledo e de seu irmão, Luís Vaz de Toledo Piza, que, quase à pia batismal, sugeriu decapitar ele próprio o governador. Talvez tenha sido o primeiro a fazer tal sugestão, não seria o último. À lista se incluía dois coronéis de auxiliares: Francisco Antônio de Oliveira Lopes e Alvarenga Peixoto.

Francisco Antônio fora companheiro de armas de Tiradentes nos Dragões. No mesmo outubro, chegou após longa temporada na Europa seu primo, o jovem Domingos Vidal Barbosa. Havia estudado em Montpellier e, lá, acompanhara José Joaquim da Maia a sua segunda conversa com

---

[1]   *Autos de devassa da Inconfidência Mineira,* vol 10.

Thomas Jefferson. Trazia, mais do que notícias, a confirmação de tudo aquilo que Maciel dizia.

Em novembro, o visconde de Barbacena deu ordens para que a autoria de uma série de pasquins fazendo graça de seu antecessor fosse investigada. Circulavam na capital fazia poucas semanas.

As *Cartas chilenas*.

O inquérito terminaria inconcluso.

O padre Rolim estava ansioso. Hospedado na casa do velho contratador Domingos de Abreu Vieira desde setembro, quando chegara a Vila Rica vindo do Rio, aguardava uma resposta. Seu amigo, José Álvares Maciel, assessor próximo de Barbacena, prometera que um despacho viria. "Apresentei atestações e folhas corridas de que me achava sem culpa", diria meses depois, já preso.[1] Todavia, quando, no dia 19 de dezembro, a decisão veio, foi indeferida. Não estava autorizado a voltar ao Serro. Para o novo governador, ele seguiria banido. Sua vida e suas expectativas se desmontavam. Teria de enfrentar a

---

[1] Depoimento do pe. Rolim no Rio de Janeiro. In: *Autos de devassa da Inconfidência Mineira*, vol. 5.

clandestinidade por mais alguns anos. Tinha de reverter. Era preciso reverter.

Rolim andou os 100m ou 200m ladeira acima entre a casa de Abreu Vieira e a do tenente-coronel Francisco de Paula, cunhado de Maciel. O militar percebeu sua ansiedade. "Promete segredo?", perguntou ele, ao que o padre assentiu estendendo sua mão para um aperto:[1] "Vossa mercê, até meados de fevereiro, há de voltar para sua casa, com despacho ou sem ele". Aí continuou: "Até então há de se lançar a Derrama, há de haver uma sublevação e nós havemos de governar".

O padre agora aprendia que a conversa vaga do alferes no Rio, meses antes, evoluíra muito. Por sua vez, Tiradentes já havia tentado levantar o assunto perante seu compadre e anfitrião de Rolim. Foi citar um levante que o velho contratador se benzeu, na porta da casa do alferes.[2] "Meu compadre, vossa mercê está doido". Não estava. Àquela altura, Vicente Vieira da Mota recebera o número de habitantes da capitania calculado pelo geógrafo José Joaquim da Rocha. Com 320 mil habitantes, metade deles livres e oito toneladas devidas pelo Quinto, a conta sairia por 46g de ouro para cada mineiro livre. Para os mais pobres, era um dinheiro que lhes custaria muito. Mas a Derrama, muitos imaginavam, poderia ser ainda mais cruel. Muitos não

---

[1] Depoimento do pe. Rolim em Vila Rica. In: *Autos de devassa da Inconfidência Mineira*, vol. 2.

[2] Quarto depoimento de Tiradentes no Rio de Janeiro. In: *Autos de devassa da Inconfidência Mineira*, vol. 5.

conseguiriam pagar. Tudo poderia terminar com soldados entrando nas casas das pessoas, confiscando seus pertences, até completar o todo.

Mota era contador de João Rodrigues de Macedo, vizinho de frente de Abreu Vieira. Poucos entendiam tanto dos negócios dos contratadores quanto ele. E, de acordo com suas contas, se o governo fosse atrás do velho Domingos para que pagasse o que devia por seus contratos, a dívida ficaria em 6 mil cruzados.[1] Ou 7,2kg de ouro. Para um homem rico como ele, o dinheiro que lhe cabia pelo Quinto era trocado. Mas a dívida pelo contrato, não. De repente, Tiradentes e suas ideias pareciam menos doidos.

O alferes estava de volta a Vila Rica em 21 de dezembro.

Silva Xavier, no quarto de Rolim, conversando com o padre. "Este governador era em quem se tinham as maiores esperanças de que não faltaria à justiça", disse.[2] "E ele defere a um requerimento em que vossa mercê se justifica tanto". Francisco de Paula estava também presente, quando entrou o dono da casa, Domingos. Tiradentes viu seu compadre, com quem agora sentia poder contar. "Aí está Domingos de Abreu Vieira para o que for necessário, sem embargo de ser velho". Domingos sorriu assentindo e mais nada disse.[3]

---

[1] Terceiro depoimento de Francisco de Paula Freire de Andrade no Rio de Janeiro. In: *Autos de devassa da Inconfidência Mineira*, vol. 5.

[2] Segundo depoimento do pe. Rolim no Rio de Janeiro. In: *Autos de devassa da Inconfidência Mineira*, vol. 5.

[3] Primeiro depoimento de Francisco de Paula Freire de Andrade no Rio de Janeiro. In: *Autos de devassa da Inconfidência Mineira*, vol. 5.

Para o comandante dos Dragões, Gonzaga, Cláudio, Alvarenga e o cônego Luís Vieira da Silva eram personalidades-chave na conspiração. Juntos, formavam provavelmente a quadra de homens mais cultos da capitania. E, como disse a Alvarenga,[1] "tinham ascendência sobre os espíritos dos povos e podiam reduzir muita gente para o caso de o Rio de Janeiro fazer seu movimento".

A Inconfidência, para muitos dos inconfidentes, não era apenas mineira. As notícias que José Álvares Maciel e Tiradentes traziam da capital brasileira falavam de um movimento promovido por comerciantes cariocas. "O negócio só depende de sua vontade", dissera o alferes a seu comandante um tempo antes.[2] "No Rio de Janeiro estão dispostos e só desejam saber da determinação dele e do partido que ele tomaria". Francisco de Paula mascou no vazio. "Outro sujeito já me tinha falado desta matéria", retrucou, referindo-se ao seu cunhado, Maciel. "Os povos do Rio", disse Tiradentes,[3] "estão em termos de fazer um levante, e se não o fazem é por duvidarem do partido que tomarão os povos de Minas". Se num levante mineiro

---

[1]   Segundo depoimento de Alvarenga Peixoto no Rio de Janeiro. In: *Autos de devassa da Inconfidência Mineira*, vol. 5.

[2]   Quarto depoimento de Tiradentes no Rio de Janeiro. In: *Autos de devassa da Inconfidência Mineira*, vol. 5.

[3]   Segundo depoimento de Francisco de Paula Freire de Andrade no Rio de Janeiro. In: *Autos de devassa da Inconfidência Mineira*, vol. 5.

houvesse o apoio da tropa paga, o governador se veria incapaz de resistir.

"O Rio de Janeiro, com dezesseis naus defendendo a
barra, nenhum poder lhe entra", raciocinou Alvarenga.[1] A
baía de Guanabara, bem-guardada, era quase impossível
de invadir. A riqueza do país estava em Minas, cujo acesso
pelo sertão, via Bahia, era muito difícil. Então, garantido o
Rio, faltaria apenas São Paulo, em cujo litoral tropas portuguesas poderiam saltar para alcançar Rio e Minas. "Juntar
as três capitanias era a ação segura". As três, unidas num
levante, tornariam a reconquista muito difícil. E tanto Alvarenga quanto Francisco de Paula tinham contatos em São
Paulo; suas mulheres eram de famílias bandeirantes.

"Há um livro de um autor francês", lembraria depois o
coronel Francisco Antônio de Oliveira Lopes,[2] "que estava
na mão de um doutor em Mariana, o qual no fim trazia o
modo de se fazerem levante". Segundo a fórmula descrita,
era preciso "cortar a cabeça ao governador e fazer uma fala
ao povo repetida por um sujeito erudito". O tal livro, ele
dizia, teria sido banido pela censura real. O dono da biblioteca subversiva era o cônego Luís Vieira da Silva.

---

[1] Segundo depoimento de Alvarenga Peixoto no Rio de Janeiro. In: *Autos de devassa da Inconfidência Mineira*, vol. 5.

[2] Terceiro depoimento do pe. Carlos Correia de Toledo no Rio de Janeiro. In: *Autos de devassa da Inconfidência Mineira*, vol. 5.

O autor não era francês nem o livro estava banido. Tratava-se possivelmente da *História de Portugal restaurado*, do conde da Ericeira.[1] Nos detalhes de como foi dado o golpe contra a coroa espanhola para ascensão ao trono português do duque de Bragança, futuro d. João IV, há de fato quase um guia para o golpe. Do jeito que Ericeira narra a história, cada ação tem um sentido, faz parte de um plano. Os revoltosos invadem o palácio e matam o secretário de Estado, que representava o rei em Lisboa. Sua morte incita os ânimos, deixa o povo alerta. Perante o cadáver, que é jogado da janela para a praça central, um dos líderes revoltosos discursa ao povo.

Essa não era a única lição que Vieira da Silva tiraria de sua biblioteca. A independência dos *americanos ingleses* nascera no momento em que Londres começou a apertar os impostos. A colônia argumentava que, como não tinha direito a assentos no Parlamento e seus representantes não podiam votar, qualquer decisão a respeito de aumento de impostos seria ilegal. O *slogan* inicial do movimento que se transformou depois em independentista era *No taxation without representation* — nenhum imposto sem representação na Câmara dos Comuns. Se a cobrança de impostos percebida como abusiva impeliu os *americanos ingleses* a se revoltar, seria preciso algo parecido para dar o mesmo ânimo aos *americanos portugueses*.

---

[1] VILLALTA, Luiz Carlos. *Reformismo ilustrado, censura e práticas de leitura: usos do livro na América portuguesa.*

A cobrança das dívidas dos contratadores, dada como certa, levantaria muito dinheiro para os cofres reais, afetando pouca gente. A Derrama, por outro lado, afetaria todo mundo. Para os Inconfidentes dispararem sua revolução, o governador precisava antes disparar a Derrama.

Entre 22 e 25 de dezembro, o padre Toledo fez uma breve visita a Mariana. Buscava Vieira da Silva,[1] "por lhe parecer que o dito cônego queria também entrar na sublevação". Na manhã do dia 26, já estava de volta a Vila Rica para a grande reunião.

Naquele final de tarde, a chuva persistia. Na casa do tenente-coronel Francisco de Paula chegaram um a um Tiradentes, o padre Toledo. Rolim. José Álvares Maciel. Talvez também estivesse lá Tomás Antônio Gonzaga.[2] Vindo de Mariana, o advogado Francisco Paes de Oliveira Leite, tio de Maciel. A um momento entrou na sala o capitão dos Dragões, Maximiano de Oliveira Leite.[3] Todos emudeceram, mas Francisco de Paula os tranquilizou: "É um dos nossos". Primo de sua mulher e de Maciel.

---

[1]   Sexto depoimento do pe. Carlos Correia de Toledo no Rio de Janeiro. In: *Autos de devassa da Inconfidência Mineira*, vol. 5.

[2]   Segundo depoimento de Alvarenga Peixoto no Rio de Janeiro. In: *Autos de devassa da Inconfidência Mineira*, vol. 5.

[3]   Sexto depoimento do pe. Carlos Correia de Toledo no Rio de Janeiro. In: *Autos de devassa da Inconfidência Mineira*, vol. 5.

"Todos convieram em que se fizesse a sedição e o levante", lembrou-se depois o alferes Silva Xavier,[1] "fundamentados na Derrama". E continuou:[2] "Geralmente todas as pessoas, da maior até a mais pequena, dizem que, se pusesse a Derrama, a não pagavam e saíam da capitania".

Já era noite, e Alvarenga não chegava. Toledo lançou mão de uma folha e lhe escreveu um bilhete rápido: "Alvarenga, estamos juntos e venha vme. já. Amigo Toledo". Dobrou o papel e pediu a um escravo que fosse bater à casa de João Rodrigues de Macedo, a menos de cinco minutos dali. Estavam ambos, Alvarenga e Toledo, hospedados na casa de Gonzaga. Mas o poeta feito coronel havia pegado o hábito, quando em Vila Rica, de se bandear para a casa do contratador no início da tarde, onde, entre partidas de cartas e de gamão e longas conversas, ficava às vezes até princípios da madrugada. Naquela noite, mandou dizer que iria assim que passasse a chuva.

Não era pouco o que Alvarenga Peixoto tinha para oferecer. Comandava uma tropa de auxiliares com algumas centenas de homens, na Campanha do Rio Verde, não longe de São João del-Rei. O padre Rolim se comprometeu a organizar o levante no Serro e o padre Toledo, em São José. Mais importante, porém, era garantir que os oficiais dos Dragões se juntariam a seu comandante na revolta.

---

[1] Quarto depoimento de Tiradentes no Rio de Janeiro. In: *Autos de devassa da Inconfidência Mineira*, vol. 5.

[2] Segundo depoimento de Tiradentes no Rio de Janeiro. In: *Autos de devassa da Inconfidência Mineira*, vol. 5.

Francisco de Paula queria que Tiradentes fizesse a sondagem, o alferes sugeriu que a missão deveria ser do oficial superior. Mas o tenente-coronel vacilava. "Nem falava", ele disse,[1] "nem queria que eles soubessem que entrava nisto". Seu temor, explicou, é que caso a operação demorasse a acontecer, temia ser cobrado. "Havia convocado a Rolim e a Domingos de Abreu", continuou Francisco de Paula,[2] "e que o não fazia a mais ninguém".

Talvez, sugeriu seu comandante, fosse melhor que Tiradentes fosse "ao Rio de Janeiro e conduzisse aquelas pessoas que o seguiam". Ainda havia insegurança entre os presentes sobre o apoio carioca, e, se gente viesse da capital, o apoio seria bem-vindo. "Por suposto lhes facilitava o partido do Rio", afirmou o alferes,[3] "contudo não os enganava, nem lhes assegurava, que ele estava certo". Alvarenga intercedeu. Achava um risco seguir para o Rio e tentar mobilizar gente por lá.[4] "Era engano ir à cidade buscar o partido porque o vice-rei não é para graças". Lá, os mineiros chamariam demasiadamente a atenção, teriam mais dificuldades de serem discretos e Luís de

---

[1]   Segundo depoimento do pe. Rolim em Vila Rica. In: *Autos de devassa da Inconfidência Mineira*, vol. 2.

[2]   Quinto depoimento do pe. Rolim em Vila Rica. In: *Autos de devassa da Inconfidência Mineira*, vol. 2.

[3]   Quarto depoimento de Tiradentes no Rio de Janeiro. In: *Autos de devassa da Inconfidência Mineira*, vol. 5.

[4]   Quinto depoimento de Tiradentes no Rio de Janeiro. In: *Autos de devassa da Inconfidência Mineira*, vol. 5.

Vasconcelos não hesitaria em interceder perante o mínimo sinal de revolta.

Entre as maiores preocupações dos presentes estava a de garantir um número suficiente de braços. Alvarenga levantou uma proposta ousada: dar liberdade aos escravos. "Não ficaria em boa ordem o serviço das Minas", protestou Maciel.[1] "Forrar só os crioulos e os mulatos?", sugeriu então Alvarenga. Aqueles nascidos no Brasil. Continuou a encontrar resistência. Não seria do sucesso da Inconfidência que viria a abolição. Temiam que os portugueses que viviam em Minas se pusessem contra. "Será necessário cortar a cabeça de todos", disse Maciel. Foi a vez de Alvarenga protestar. "Isso é impiedade e nem todos serão contrários ao partido da sublevação", disse. "Poriam para fora" quem resistisse.

"A maior ação", disse Tiradentes,[2] "de maior risco e dificuldade, a quero para mim". Acompanhado de poucos homens de confiança, seguiria pela manhã para o Palácio da Cachoeira, onde prenderia o visconde de Barbacena, sua mulher e filhos. "Cabecinha fora", disse um dos presentes.[3] "Cabecinha fora." Naquela noite, nenhum tema levantou mais polêmica. "Não há levante sem cabeça fora",

---

[1] Depoimento de José Carlos Maciel no Rio de Janeiro. In: *Autos de devassa da Inconfidência Mineira*, vol. 5.

[2] Segundo depoimento do pe. Carlos Correia de Toledo no Rio de Janeiro. In: *Autos de devassa da Inconfidência Mineira*, vol. 5.

[3] Décimo depoimento do pe. Rolim no Rio de Janeiro. In: *Autos de devassa da Inconfidência Mineira*, vol. 5.

alguém lembrou.[1] "Se matar alguém, será o Cabeça de Escova", retrucou o alferes. Referia-se ao ajudante de ordens do governador, Antônio Xavier de Resende, um sujeito que atraía poucas simpatias. Outro sugeriu que levassem o visconde até a entrada do sertão, de onde poderia seguir para a Bahia. "Não sabem o que é isso", contestou o padre Rolim, que conhecia todos entre os mais difíceis caminhos de Minas.[2] "Se querem que ele vá com toda a comodidade, isso não é praticável naquele caminho". A saída, portanto, seria conduzir o governador até a divisa de Minas com o Rio, onde Tiradentes[3] "diria que fizessem muito boa jornada e dissessem, em Portugal, que já se não precisava de generais na América". Alvarenga era um dos que preferiam sua cabeça "para com ela impor ao povo o respeito pela sua nova e imaginada República".

Jamais chegaram à conclusão de se fariam um golpe sangrento ou não. Mas, com a cabeça num saco ou sem, Tiradentes e seus companheiros seguiriam de volta para a praça principal de Vila Rica aos gritos de "Viva a liberdade!" Por conta da balbúrdia, Francisco de Paula sairia do quartel acompanhado das tropas. "Que é isto?", perguntaria fingindo surpresa. "Liberdade!", gritariam, "Liberdade!",

---

[1] Quarto depoimento de Tiradentes no Rio de Janeiro. In: *Autos de devassa da Inconfidência Mineira*, vol. 5.

[2] Segundo depoimento do pe. Rolim no Rio de Janeiro. In: *Autos de devassa da Inconfidência Mineira*, vol. 5.

[3] Segundo depoimento de Alvarenga Peixoto no Rio de Janeiro. In: *Autos de devassa da Inconfidência Mineira*, vol. 5.

talvez mostrando a cabeça do visconde. "É justo que quei-ram liberdade", responderia o tenente-coronel.[1]

O contratador Domingos de Abreu Vieira, assim como seu hóspede, o padre Rolim, se comprometeram a trazer pólvora para a guerra que provavelmente sucederia ao gol-pe. Engenheiro, Maciel se responsabilizaria por dar início à industrialização de Minas, começando por uma fábrica de pólvora. Confiscariam o dinheiro armazenado nos co-fres da Real Fazenda e destinado ao pagamento dos Quin-tos para financiar o início. Ergueriam uma universidade em Vila Rica e transfeririam a capital para São João del-Rei. Gonzaga, acompanhado dos advogados que escolhesse, ti-nha por missão escrever as leis. Naquela noite, começaram a desenhar o Brasil independente.

Perante a mesa de café da manhã, na casa de Cláudio, os quatro amigos sentavam. Ele, Gonzaga, Alvarenga, Toledo. Os três contavam ao poeta, um quê indisposto, sobre a in-tensa reunião da véspera. Alvarenga descrevia como imagi-nava a bandeira do novo país. "Um índio desatando as cor-rentes", ele disse, com um dizer latino.[2] *Aut libertas, aut nihil.* Ou liberdade, ou nada. Ou então o verso de Virgílio: *Libertas*

---

[1] Segundo depoimento de Francisco de Paula Freire de Andrade no Rio de Janeiro. In: *Autos de devassa da Inconfidência Mineira*, vol. 5.

[2] Segundo depoimento de Alvarenga Peixoto no Rio de Janeiro. In: *Autos de devassa da Inconfidência Mineira*, vol. 5.

quae sera tamen. Liberdade, ainda que tardia. Tiradentes tinha outra proposta. "Como Portugal tinha nas suas armas as cinco chagas", ele disse,[1] "deviam as da nova República ter um triângulo, significando as três pessoas da Santíssima Trindade".

Um dos planos dos inconfidentes era fazer de Vila Rica uma cidade universitária, fundando lá a primeira instituição de ensino superior do Brasil. Em 1786, doze mineiros se matricularam para estudar em Coimbra; em 1787, dez; em 1788, três; e em 1789, nenhum.[2] Talvez tenha havido muita gente com esperança.

---

[1]   Quarto depoimento de Tiradentes no Rio de Janeiro. In: *Autos de devassa da Inconfidência Mineira*, vol. 5.

[2]   JARDIM, Márcio. Op. cit.

A ESPERA

Barbacena se surpreendeu, pois não esperava um visita de Gonzaga — não naquele momento. O jurista encontrou o governador passeando nos jardins do Palácio de Cachoeira acompanhado de outro homem. Cumprimentaram-se. "O povo de Vila Rica", disse o ex-ouvidor,[1] "está na maior satisfação e, se lhe fosse possível, levantaria uma sua estátua". Os dois homens se examinavam, mediam a reação um do outro — cautelosos. Era março de 1789 quando, caminhando sem assunto certo, chegaram à porta da casa. O visconde perguntou se Gonzaga tinha assunto particular, o desembargador fez que não, mas também não se despediu. Demorou-se, esperava que o acompanhante do governador os deixasse.

Até que ficaram só os dois por um breve momento.

---

[1] Carta de Barbacena ao vice-rei Luís de Vasconcelos, em 25 de março de 1789. In: *Autos de devassa da Inconfidência Mineira*, vol. 8.

"A capitania está em tais circunstâncias", disse ao governador, "que só lhe faltam duas cabeças". Barbacena se fez de desentendido, mas ali estava velado um convite para virar uma das "duas cabeças". Um rei, uma rainha. Uma monarquia. Por conta do que ocorrera nos dias anteriores, Gonzaga se vira obrigado a improvisar. Talvez sem querer, ou então propositalmente, o governador pusera todo o plano a perder. "Esta capitania", seguiu o poeta, "deve estar na menina dos olhos do ministério. É a que mais facilmente se podia levantar, ainda sem dependência das outras, tanto pela sua situação e defesa natural quanto pelas suas produções e riqueza de letras". O acompanhante do governador retornava, o juiz fez menção de se ir.

Tomás Antônio Gonzaga prometeu que voltaria para uma segunda visita brevemente, talvez em busca de resposta.

Quando o ano virou, de 1788 para 1789, nem a intriga nem os ventos políticos tinham ainda começado a separar os inconfidentes de Minas. O grupo tinha forma e ganhava volume. Havia, na definição do historiador britânico Kenneth Maxwell,[1] os ativistas. Homens como Alvarenga, Tiradentes, Francisco de Paula, Maciel e os padres Toledo e Rolim. Homens de ação, que seriam responsáveis por disparar a revolução. Os pensadores: Cláudio, Gonzaga e

---

[1]   MAXWELL, Kenneth. *A devassa da devassa.*

Vieira da Silva. Construiriam juridicamente o novo país e se responsabilizariam por justificar ética e ideologicamente o rompimento com Portugal. A maioria dos ativistas não conhecia em detalhes em quanto estavam envolvidos os pensadores.

Ambos os grupos tinham o apoio dos contratadores. João Rodrigues de Macedo, Domingos de Abreu Vieira, Joaquim Silvério dos Reis e alguns outros poucos deviam, juntos, pelo menos cinco toneladas de ouro a Lisboa, e o governador viera com a missão de cobrar a conta. Para eles, a revolução não era uma questão ideológica. Era a única saída que lhes garantiria a solvência.

Para que o povo se levantasse, porém, era preciso antes a Derrama. E todos esperavam que a Derrama fosse decretada em fevereiro.

Frequentaram-se muito, Gonzaga e Cláudio, naqueles primeiros meses. Enquanto aguardava a licença para celebrar seu casamento, já livre da função burocrática, o desembargador se entregou a um período de intensa atividade intelectual. Escreveu várias das *Cartas chilenas*,[1] que Cláudio, poeta mais experiente, cuidadosamente revisava. Mas principalmente se dedicaram a escrever as leis. Imaginar o novo país. Por alguns dias em janeiro, a eles se juntou

---

[1]   OLIVEIRA, Tarquínio J.B. de. *As cartas chilenas, fontes textuais.*

o cônego Luís Vieira da Silva, que, como depois lembraria o mais velho dos poetas,[1] "havia de ser um bom companheiro". Não apenas culto, como, provavelmente, o que melhor conhecia a experiência norte-americana no Brasil colonial.

Se esses documentos foram mesmo esboçados, não sobreviveram. De todos os depoimentos feitos em juízo por réus e testemunhas, são muito poucos os indícios que deixaram sobre o tipo de governo que tinham em mente. Não aparece qualquer discussão a respeito de representatividade política, a quem teria direito a voto, por exemplo.

Seguindo o caminho dos Estados Unidos, a escravidão seria mantida. O debate interno existiu, principalmente do ponto de vista utilitário. Negros libertos poderiam ajudar na guerra, segundo Alvarenga e Toledo. Eram favoráveis a pelo menos uma abolição parcial. Vinham ambos de Rio das Mortes, a comarca mais rica de Minas. Curiosamente, aquela onde a agricultura estava mais desenvolvida, o que requeria trabalho braçal. Mas, talvez por ser a mais rica, provavelmente imaginavam que seria possível sobreviver, mesmo sem escravos.

Não está claro se alguém olhou para o tema do ponto de vista ético, como ocorreria muitas décadas depois, já no Brasil imperial. Por mais de uma vez, Tiradentes reclamou[2] que Portugal "faz de nós negros". A expressão era parte de

---

[1]   Segundo depoimento do pe. Carlos Correia de Toledo no Rio de Janeiro. In: *Autos de devassa da Inconfidência Mineira*, vol. 5.

[2]   Testemunho de Basílio de Brito Malheiro Lago. In: *Autos de devassa da Inconfidência Mineira*, vol. 1.

seu discurso habitual, lembrada por inúmeros dos que o ouviram. Sugere que, em sua mente, escravidão e etnia fossem sinônimos. Gonzaga não tinha escravos. Poderia ter tido, por algum motivo não tinha. Cláudio tinha muito dinheiro, mas só um escravo. Vieira da Silva tinha pouco dinheiro e também um escravo. Ter ou não escravos serve de pista, mas não determinava quem era favorável ou não à abolição. Alvarenga, afinal, foi o maior senhor de escravos entre os condenados pela conspiração. Tinha 132, uma dezena mais do que o fazendeiro mais rico de Minas, José Aires Gomes.

Todos falavam frequentemente em República. João Pinto Furtado, um dos historiadores mais originais a mergulhar nos documentos da Inconfidência, lembra que a palavra tinha sentido dúbio em finais do século XVIII. A *res publica*, coisa do povo em latim, referia-se com mais frequência a um governo legalmente constituído em que se praticasse a Justiça.[1] Um regime de leis. Um Estado pequeno territorialmente. Na definição de Montesquieu, autor que Vieira da Silva tinha em sua biblioteca, "na república tem que haver relativa igualdade". Mas ideias modernas como os sistemas presidencialista e parlamentarista, ou mesmo a distribuição em três poderes com freios e contrapesos, eram já teoricamente possíveis, embora consideradas radicais. E, ideologicamente radical, nenhum deles se mostrou.

---

[1]   FURTADO, João Pinto. *O manto de Penélope.*

A um ponto, Alvarenga afirmou[1] "que se não queria naquela nação cabeça, mas sim serem todos cabeças e um corpo unido". Talvez insinuasse um parlamentarismo. Do que ouviu das conversas entre os juristas, o padre Toledo lembrou que, na república inconfidente,[2] "os nobres vestiriam as fazendas próprias do país e os de inferior qualidade vestiriam o que quisessem". Era já, mesmo na Europa, um anacronismo português as leis que vedavam certos tecidos aos mais pobres. E talvez o padre não usasse a palavra *nobre* ao pé da letra, como títulos de distinção e valor do sistema monárquico, mas certamente insinuava a noção de que certas diferenças sociais seriam institucionalizadas.

Teriam parlamentos em Vila Rica e São João del-Rei certamente, mas também em várias outras cidades — ou, nos termos do tempo, vilas. Cogitaram fechar as fronteiras de Minas e negociar duro o comércio com as outras capitanias. Sem saída para o mar, isso não seria possível por muito tempo. Mas talvez tomassem dos norte-americanos a ideia de que os estados têm grande autonomia jurídica dentro de uma mesma união. Ao decidir repassar para a Igreja a cobrança do dízimo, que seria controlada por cada vigário de cada paróquia, insinuavam já alguma separação entre Igreja e Estado. Na ausência de documentos novos, será impossível reconstituir ao certo a República

---

[1]   Quarto depoimento de Tiradentes no Rio de Janeiro. In: *Autos de devassa da Inconfidência Mineira*, vol. 5.

[2]   Segundo depoimento do pe. Carlos Correia de Toledo no Rio de Janeiro. In: *Autos de devassa da Inconfidência Mineira*, vol. 5.

imaginada por aqueles homens. No vácuo de informação, ao contar essa história, não faltaram sonhadores a imaginar utopias.

A missão à qual Gonzaga se dedicou com mais afinco, porém, foi a de promover a Derrama. Ele e o intendente da Real Fazenda, Francisco Gregório Pires Monteiro Bandeira, eram amigos íntimos. Num tempo lento como aquele, em que as pessoas se frequentavam e esticavam longas horas de conversa da varanda para dentro, Bandeira, Gonzaga e Cláudio estavam sempre juntos. Pertenciam ao mesmo grupo político, consolidado pela oposição a Cunha Meneses. A conspiração, no entanto, os separava. Enquanto Bandeira permanecia um leal súdito de sua majestade, a rainha, secretamente Gonzaga e Cláudio estavam envolvidos num plano de levante, fato que colocava o poeta numa posição em que teria de trair o amigo.

Seguindo as ordens dadas pelo ministro do Ultramar, o visconde de Barbacena incumbira Bandeira de fazer um relatório sobre o rombo que as décadas anteriores deixaram no Quinto. A recomendação do intendente teria enorme influência na decisão final. De um lado, as *Instruções* trazidas pelo governador insinuavam que seria do agrado de Lisboa uma Derrama completa que pudesse reembolsar Portugal daquilo que lhe considerava devido. Mas, no caso da dívida deixada pelo Quinto, Barbacena tinha algum espaço de manobra.

Os boatos circulavam, e Bandeira tinha medo de, ao disparar a cobrança, provocar um levante. Mas buscava igualmente uma forma de agradar a Portugal. Por isso, inclinava-se a cobrar somente o valor devido no ano anterior: sessenta arrobas, 900kg. Insidioso, Gonzaga tinha uma estratégia para lidar com os medos do amigo. "O lançamento de um ano", disse o poeta,[1] "não tinha razão para suspender-se e bastava para vexar o povo". Lançando um ano, exibiria cautela e ficaria sem argumentos para suspender a cobrança perante Lisboa, e, ainda assim, poderia não evitar uma revolução. "O lançamento inteiro", seguiu Gonzaga, "tinha para se suspender: primeiro, o chegar à quantia com que não pode toda a capitania de Minas; segundo que os devedores pelos anos passados não existiam porque uns estavam mortos, outros se tinham retirado para Portugal, e que a maior parte do resto estava falido". Em sua lógica tortuosa, a Derrama completa poderia ser suspensa com argumentos mais sólidos.

Quando janeiro terminou e fevereiro veio, a ansiedade aumentava, e a decisão pela Derrama não saía. Alvarenga também procurava Bandeira, tentava sondá-lo, descobrir seu parecer e influenciá-lo. Do Palácio, José Álvares Maciel, assessor de Barbacena, era todo ouvidos. Esperavam todos a notícia, uma data definitiva que faria girar a roda.

---

[1]   Segundo depoimento de Tomás Antônio Gonzaga no Rio de Janeiro. In: *Autos de devassa da Inconfidência Mineira*, vol. 5.

Assim que tivessem a data, espalhariam a mensagem: *tal dia é o dia do batizado*. No dia da Derrama, todos a postos. Tiradentes ao Palácio. Francisco de Paula no quartel à espera do primeiro grito de Liberdade. Levantes simultâneos no Serro tocados por Rolim; em Rio das Mortes, por Alvarenga e Toledo. O início da República.

Precisavam da data.

Salvador do Amaral Gurgel tinha 27 anos e, desde que chegara a Vila Rica, dois anos antes, trabalhava como cirurgião dos Dragões. Era um rapaz quieto que precisava de um dicionário de francês, quando alguém lhe comentou que o alferes Silva Xavier tinha um. Salvador encontrou o oficial próximo do chafariz do Largo, não longe do Quartel, a passos da Casa do Real Contrato de João Rodrigues de Macedo. Tiradentes foi simpático, mas pediu desculpas, pois já havia vendido o livro. Como não o tinha entregue ainda, poderia lhe emprestar por quinze dias. O jovem cirurgião agradeceu. Quando deixou a casa de seu oficial superior, trazia também um segundo livro emprestado. O apanhado em francês das leis constitutivas dos Estados Unidos.

Tiradentes andava agitado naqueles dias. Ia do quartel às lojas no piso térreo da casa de Macedo, de lá para casa e de volta, um trecho de no máximo 500m. Conversava com quem podia, sem muito cuidado com discrição. Numa das vezes, encontrou-se com o geógrafo José Joaquim da Rocha na ponte sobre o rio Funil, que levava à rua São José. Rocha tinha um de seus mapas nas mãos.[1] "Que papel é este?", perguntou-lhe o alferes. Rocha respondeu mostrando-o. O oficial ficou fascinado, pediu-o.

Era "uma lista de toda a povoação desta capitania, a qual ele trazia no bolso", lembrou meses depois o tenente-coronel Basílio de Brito Malheiro Lago.[2] Um mapa com dados demográficos. Para muitos, Tiradentes sacou do bolso aquele papel para fazer seu número, seu método de mobilizar. "Aqui tem todo este povo açoitado por um só homem", disse para um rapaz apontando a população estimada pelo geógrafo: 319.770, menos os indígenas. "E nós a choramos como negros, ai, ai, ai", exagerava. Estava no térreo da casa de Macedo, um dos pontos mais frequentados da capitania. Falava alto, quem passava ouvia. "De três em três anos vem um e leva um milhão, os criados outro tanto, e como hão de passar os pobres filhos da América?" O rapaz, assustado. "Vossa mercê fala assim em levante!" Na frente de todos. Sem cuidar do tom. "Não diga levantar", respondeu Tiradentes. "É restaurar". Punha ênfase na palavra. "Restaurar", repetiu. E repetiu.

Não queria uma revolução para mudar a ordem. Queria restaurar. Fazer com que a ordem natural das coisas fosse restabelecida; que a elite da capitania tivesse o controle. Talvez, até que sua própria posição — ele sempre era

---

[1]   Testemunho de José Joaquim da Rocha. In: *Autos de devassa da Inconfidência Mineira*, vol. 1.

[2]   Testemunho de Basílio de Brito Malheiro Lago. In: *Autos de devassa da Inconfidência Mineira*, vol. 1.

o preterido pelos governadores — fosse restaurada ao nível que considerava merecido. "O Tiradentes anda morto para fazer um levante", comentou com Basílio um amigo.

Simplícia Maria e Caetana Francisca de Moura eram irmãs — a primeira tinha 21 anos; a segunda, 20. Viviam com a mãe, uma mulata de pele muito clara chamada Ana Maria Rosa da Silva, em Vila Rica. As três eram costureiras, e em sua casa o ir e vir dos homens, à noite, era frequente. Na cidade, todos as conheciam por *Pilatas* — a pia de água benta, onde todos passam a mão. As moças estavam aflitas com o futuro do irmão. Aproveitando um momento de relaxamento do alferes, dona Ana Maria perguntou se ele não poderia interceder para arranjar um posto de soldado na tropa paga. "Deixe estar, minha camarada", respondeu Tiradentes, pousando-lhe a mão no ombro,[1] "que ninguém há de sentar praça a seu filho senão eu". Estava, ele dizia,[2] "para ser um grande homem".

Seu comandante, Francisco de Paula, de fato pedira na grande reunião que Tiradentes saísse a campo em busca de apoio, mas a pouca discrição com que se movia começava a incomodá-lo. Mantendo a distância, pediu ao padre Rolim que procurasse o alferes. Fevereiro ia correndo, março se

---

[1]   Testemunho de Simplícia Maria de Moura. In: *Autos de devassa da Inconfidência Mineira*, vol. 1.

[2]   Testemunho de José Vicente de Morais Sarmento. In: *Autos de devassa da Inconfidência Mineira*, vol. 1.

aproximando. Era preciso, disse-lhe o padre,[1] "que esperasse a Derrama para ver se ocorria a sublevação". Calma, era o tom do recado.

Vez por outra batia à porta de Gonzaga um escravo para informar que Tiradentes queria lhe falar. O poeta dizia não estar. O alferes, comentou com seu bom amigo Cláudio Manuel da Costa,[2] "o aborrecia". Meses depois, já preso, escreveria sobre aquele homem uns versos. *Ama a gente assisada a honra, a vida, o cabedal tão pouco, que ponha uma ação destas nas mãos dum pobre, sem respeito e louco?*

Fevereiro passou sem que a Derrama fosse decretada.

Tiradentes procurou em sua casa o tenente-coronel Francisco de Paula. Pedia-lhe uma carta ao capitão Garcia Rodrigues Paes Leme.[3] Paes Leme estava entre os muitos primos da mulher de seu comandante e de José Álvares Maciel. Paulistano, liderava uma das quatro companhias

---

[1] Quarto depoimento de Tiradentes no Rio de Janeiro. In: *Autos de devassa da Inconfidência Mineira*, vol. 5.

[2] Único depoimento de Cláudio Manuel da Costa em Vila Rica. In: *Autos de devassa da Inconfidência Mineira*, vol. 2.

[3] Quarto depoimento de Francisco de Paula Freire de Andrade no Rio de Janeiro. In: *Autos de devassa da Inconfidência Mineira*, vol. 5.

de Cavalaria da Legião de São Paulo que lutou na década de 1770 na Guerra de Restauração do Rio Grande do Sul. Seria o parceiro ideal para fazer parte da organização, em São Paulo, mas o alferes encontrou seu comandante calado e evasivo.

Poucos dias depois, licenciado por pelo menos três meses, Francisco de Paula decidiu viajar para a Fazenda dos Caldeirões, próxima à capital mineira, que pertencia a seu sogro. Ao desembargador Gonzaga, o tenente-coronel comentou que tinha planos de viajar para Portugal,[1] esperava apenas pela autorização real.

Foi mais ou menos quando recebeu um recado do padre Toledo, de São José.[2] Tinha, ele dizia, "sessenta bons cavalos e gordos". Ao deixar Vila Rica, em finais de 1788, o padre havia brincado com Cláudio Manuel da Costa.[3] "Voltava", disse, "feito um grande homem". Enquanto quem estava próximo do Palácio da Cachoeira começava a suar frio esperando a Derrama que não vinha, em Rio das Mortes os planos seguiam conforme o combinado.

Em São José, por intermédio de Toledo, o coronel de auxiliares Joaquim Silvério dos Reis fora aliciado. Silvério,

---

[1]   Quarto depoimento de Tomás Antônio Gonzaga no Rio de Janeiro. In: *Autos de devassa da Inconfidência Mineira*, vol. 5.

[2]   Segundo depoimento de Francisco de Paula Freire de Andrade no Rio de Janeiro. In: *Autos de devassa da Inconfidência Mineira*, vol. 5.

[3]   Único depoimento de Cláudio Manuel da Costa em Vila Rica, in *Autos de devassa da Inconfidência Mineira*. In: *Autos de devassa da Inconfidência Mineira*, vol. 2.

como todos os contratadores, tinha uma dívida pesada a pagar. Prometeu "assistir com dinheiros para ajuntarem gente", disse a Alvarenga Peixoto durante uma visita a São João del-Rei.[1] Silvério, no entanto, mostrava ser mais um boquirroto. Comentou publicamente, sem cuidado com quem ouvia, "que andava passando em revista aos auxiliares", sua tropa. "Estes países", ele disse, "pela sua grandeza e extensão são adequados para se fundar neles um império".

Também o padre Rolim decidiu tomar o rumo do Serro, não sem antes comprar dois chapéus brancos. Seu bom amigo e anfitrião, o contratador Domingos de Abreu Vieira, fez graça. "Vossa mercê fazendo gastos", ele disse.[2] São para a família, retrucou Rolim, que pretendia parar no caminho em Caldeirões para visitar o tenente-coronel dos Dragões. Consigo, o padre levou uma carta de Gonzaga para seu primo, ouvidor em sua terra.

A agitação dos preparos, no entanto, estava para ser interrompida. Reunida no dia 3 de março,[3] a Junta da Real Fazenda decidiu convocar Silvério dos Reis para que prestasse contas. Acusava-o de ser "doloso, fraudulento e falsificador".[4] A convocação encontrou o coronel em sua

[1] Segundo depoimento de Alvarenga Peixoto no Rio de Janeiro. In: *Autos de devassa da Inconfidência Mineira*, vol. 5.

[2] Segundo depoimento do pe. Rolim no Rio de Janeiro. In: *Autos de devassa da Inconfidência Mineira*, vol. 5.

[3] *Autos de devassa da Inconfidência Mineira*, vol. 8.

[4] MAXWELL, Kenneth. Op. cit.

Fazenda da Caveira, próxima de São João del-Rei, no dia 10. Na manhã seguinte, Silvério montou seu cavalo tendo por destino Vila Rica. Já era março e ainda não havia sinal da Derrama.

No dia 4 de março, o alferes Joaquim José da Silva Xavier sacou o último soldo que receberia em vida: 72 mil réis referentes ao trimestre encerrado em dezembro de 1788 ou 215g de ouro. No dia 10, passou pelo Palácio da Cachoeira, tendo como destino o Rio de Janeiro, onde encontrou Alvarenga Peixoto, que chegou a Vila Rica em busca de notícias.

Tiradentes estava mal-humorado. Queria ver "em que altura estavam esses socorros de França, que esperavam para se fazer a República do Rio de Janeiro primeiro", disse a Alvarenga.[1] "Com o exemplo da do Rio é muito fácil, os povos de Minas são uns bacamartes falsos de espírito". A Derrama não vinha, o movimento não acontecia, todos começavam a parecer cautelosos demais. "Tendo falado a muita gente, todos querem, mas nenhum se queria resolver a pôr em campo". O poeta ouviu alarmado. "Não vá a meter-se no Rio de Janeiro a falar em semelhantes asneiras porque não é um sertão, como Minas", falou. "Só os que achei com mais calor foram o vigário Toledo e o padre

---

[1] Segundo depoimento de Alvarenga Peixoto no Rio de Janeiro. In: *Autos de devassa da Inconfidência Mineira*, vol. 5.

Rolim", respondeu o militar. "Feito no Rio de Janeiro, todos hão de querer". O coronel percebeu risco. "Logo há de chegar aos ouvidos o vice-rei, que não é para graças". Tiradentes retrucou que ninguém o pegaria. Seus aliados cariocas, explicou, "sabem bem os passos do vice-rei".

Naquela noite, Silva Xavier se recolheu à estalagem de João da Costa Rodrigues, na Varginha do Lourenço. Juntou-se a dois outros hóspedes à mesa de jantar e o estresse do dia foi lentamente se convertendo em porre. "Fazem de nós negros", disse Tiradentes em voz alta.[1] "Não é levantar, é restaurar". Tiradentes pagava a conta de todos, e um de seus convidados, já bem-entrado na bebida, ergueu o copo de vinho.[2] "Lá vai à saúde de quem ainda dentro deste ano de 1789 há de ver novos governadores!" De longe, o estalajadeiro os observava curioso. "Todos havemos de ter muito ouro", continuou o militar carregado pelo êxtase. "Já temos dezesseis ou dezoito pessoas grandes, o povo todo está resolvido, e temos um homem muito grande e de muito saber que nos encaminha". Quando, dias depois, recontou a história daquela noite a outro militar, o estalajadeiro disse, por graça, que "era um semiclérigo", dada a paixão com que falava. Era moço? Fez que não. "O oficial já tinha cabelos brancos".

---

[1]   Testemunho de Basílio de Brito Malheiro Lago. In: *Autos de devassa da Inconfidência Mineira*, vol. 1.

[2]   Testemunho de João da Costa Rodrigues. In: *Autos de devassa da Inconfidência Mineira*, vol. 1.

No dia 12, Tiradentes pegou emprestado com um conhecido nova montaria, um cavalo rosilho, para seguir viagem ao Rio. Encontrou-se com seu companheiro de regimento, também alferes, Matias Sanches Brandão, que o acompanharia até a capital da colônia. E cruzou com o bom amigo, Joaquim Silvério dos Reis, que vinha convocado à presença da Junta de Fazenda. Chegou ao Rio de Janeiro no dia 22 de março.

No dia 14, a Junta da Fazenda se reuniu novamente sem, no entanto, se manifestar a respeito da Derrama. No dia seguinte, Silvério dos Reis chegou ao Palácio da Cachoeira pedindo para ver o governador.

Em 17 de março, a Câmara de Vila Rica recebeu um ofício do Palácio. "Conhecendo eu as diversas circunstâncias em que hoje se acha a capitania", escreveu Barbacena, "tomo sobre mim a suspensão da dita Derrama que a Junta da Real Fazenda é obrigada promover". O fantasma da Derrama estava oficialmente afastado. O ofício de suspensão leva a data de 14 de março. A viagem de Cachoeira a Vila Rica, porém, durava poucas horas. Chegaria no mesmo dia, provavelmente antedatado. O documento alcançou Sabará no dia 20; São João e São José, a 23; e o Serro, a 24.

No dia 20, o visconde nomeou para novos postos dois oficiais inconfidentes. O capitão Manuel Brandão assumiria o comando do Destacamento Diamantino e o capitão Maximiano de Oliveira Leite seguiria para o Destacamento da Serra da Mantiqueira. Era arriscado, dois cargos dos mais cobiçados pelos militares. O governador os seduzia.[1]

Derrama suspensa, militares seduzidos, Tomás Antônio Gonzaga seguiu imediatamente ao Palácio, pois precisava agir rápido. Encontrou o governador acompanhado de um homem, mas queria lhe falar. Sabia, no mínimo desconfiava, que Barbacena já conhecia o projeto inconfidente. Sem a Derrama, o plano inicial não vingaria, mas talvez se Barbacena o abraçasse haveria chance. Naquela conversa, Gonzaga insinuou um convite. Prometeu voltar. O visconde esperou. E esperou. As folhas do calendário giravam. No dia 25, Barbacena não esperou mais e escreveu ao vice-rei.

Quase sempre, quando se dirigia a Luís de Vasconcelos, Barbacena abria a carta por "Meu tio, amigo e senhor do coração" e a assinava "Teu sobrinho amigo e fiel cativo, Luís". Usava no texto o tratamento informal *tu*. Mas não nesta. "Um homem, dos principais desta capitania, veio dizer-me um destes dias, cheio de susto e de cautelas, que estava tramada uma forte e ampla conjuração e sublevação entre os poderosos e magnatas do país, entrando também os dessa capital", escreveu o visconde. Diz que sua vida corre risco. "O cabeça e legislador era Tomás Antônio Gonzaga, ouvidor que já foi desta comarca".

---

[1]   MAXWELL, Kenneth. Op. cit.

Naquela tarde modorrenta, Gonzaga se sentia indisposto. "Princípio de uma cólica biliosa", explicou aos amigos.[1] Estavam todos na casa de Cláudio. Ele, Alvarenga e Vieira da Silva também. Fora convidado a fazer um sermão na missa em memória do irmão do príncipe d. João, que morrera no ano anterior. Completava o grupo o intendente Francisco Bandeira.

Desconfortável, o ex-ouvidor passou da sala à varanda e pediu a Cláudio uma esteira, que usou para amaciar o banco com vista para o jardim. Deitou-se, embrulhado por um capote vinho. O cônego Vieira lhe perguntou sobre o levante. "A ocasião para isso perdeu-se", respondeu, encolhido, Gonzaga.[2] Alvarenga pediu silêncio. Receava que Bandeira pudesse ouvi-los.

---

[1] Acareação com Alvarenga Peixoto no quarto depoimento de Tomás Antônio Gonzaga no Rio de Janeiro. In: *Autos de devassa da Inconfidência Mineira*, vol. 5.

[2] Segundo depoimento do cônego Luís Vieira da Silva no Rio de Janeiro. In: *Autos de devassa da Inconfidência Mineira*, vol. 5.

Carta geográfica do termo de Vila Rica, 1801-1900 (data provável).

ACERVO: ARQUIVO PÚBLICO DE MINAS GERAIS.

 Mapa da comarca de Vila Rica. De José Joaquim da Rocha, 1789.

ACERVO: BIBLIOTECA NACIONAL DO RIO DE JANEIRO.

PARTE DA CAPITANIA DO ESPIRITO SANTO

Dessiné d'ap. nat. par Rugendas.   Lith. de Thierry Frères, succ.rs de Engelmann & C.ie   Villeneuve lith.t Imp. par Jules David.

VILLA RICCA.

À esquerda: *Exploitation d'un lavage d'or à Villa Rica*. Desenhos a grafite copiados das clássicas obras dos viajantes, século XIX. Serviram para ilustrar a obra *Brésil par Ferdinand Denis*.

À esquerda: *Trabalho escravo em Vila Rica*. Gravura de Alphonse Bichebois (1801-1850).

Cadeia de Ouro Preto. Fotografia. Entre 1785 e 1855, a construção da nova sede do poder municipal foi um dos maiores espetáculos de horror da história de Minas Gerais. Escravos eram açoitados dia e noite, o que motivou as críticas de Tomás Antônio Gonzaga às obras em suas *Cartas Chilenas*. A câmara funcionou por 25 anos no edifício, depois destinado, em sua totalidade, à prisão. Em 1938, o Museu da Inconfidência foi instalado no prédio.

Panorama de Ouro Preto. Fotografia, autor desconhecido, 1870. Em primeiro plano vê-se a parte superior (mirante) da Casa dos Contos, na confluência das ruas Senador Rocha Lagoa (Rua das Flores) e da antiga Tiradentes. Ao fundo, a Igreja do Carmo e o prédio da Casa de Câmara e Cadeia, hoje Museu da Inconfidência.

Vista de Vila Rica. Óleo sobre tela, atribuído a Armand Julien Pallière, século XIX, por volta de 1820.

Vista de Vila Rica. Aquarela sobre papel, de Henry Chamberlain, século XIX.

Documento autógrafo, 1782. Mapa diário do municiamento dos cavalos de sua majestade, em que estão montados os soldados destacados no Caminho Novo e Porto de Menezes, no exercício das patrulhas do Mato do Caminho do Rio de Janeiro, comandadas pelo alferes Joaquim José da Silva Xavier.

Documento autógrafo, 1783. Relação da despesa do alferes Joaquim José da Silva Xavier com os soldados e cavalos de sua majestade.

Documento autógrafo, 1785. Provisão passada por Tomás Antônio Gonzaga, em Vila Rica, a 15 de dezembro de 1785, em favor de Alexandre Luís de Mello, pelo tempo de um ano, no ofício de Meirinho do contrato das Passagens dos Rios das Mortes e Grande.

Abaixo: Exemplar da edição princeps de *Obras* (1768), de Cláudio Manuel da Costa.

ORBAS
DE
CLAUDIO
MANOEL DA COSTA,

Arcade Ultramarino, chamado

GLAUCESTE SATURNIO,

OFFERECIDAS

Ao

I L L.mo E EX.mo SNR.

D. JOZE LUIZ DE MENEZES

ABRANCHES CASTELLO-BRANCO,

Conde de Valladares, Commendador das Commendas de S. Joaõ da Castanheira, S. Juliaõ de Monte-negro, S. Maria de Viade, e S. Maria de Locores, da Ordem de Christo, Governador, e Capitaõ General da Capitania das Minas Geraes, &c. &c. &c.

✱
✱ ✱
✱ ✱

COIMBRA.
Na Officina de Luiz Secco Ferreira.

M.DCC.LXVIII.
Com licença da Real Meza Censoria.

MARILIA
DE
DIRCEO.
POR T. A. G.

LISBOA:
NA TYPOGRAFIA NUNESIANA
ANNO M. DCC. XCII.

Com Licença da Real Meza da Commiſsão Geral ſobre o Exame, e Cenſura dos Livros.

Exemplar da edição princeps de *Marília de Dirceu* (1792), de Tomás Antônio Gonzaga.

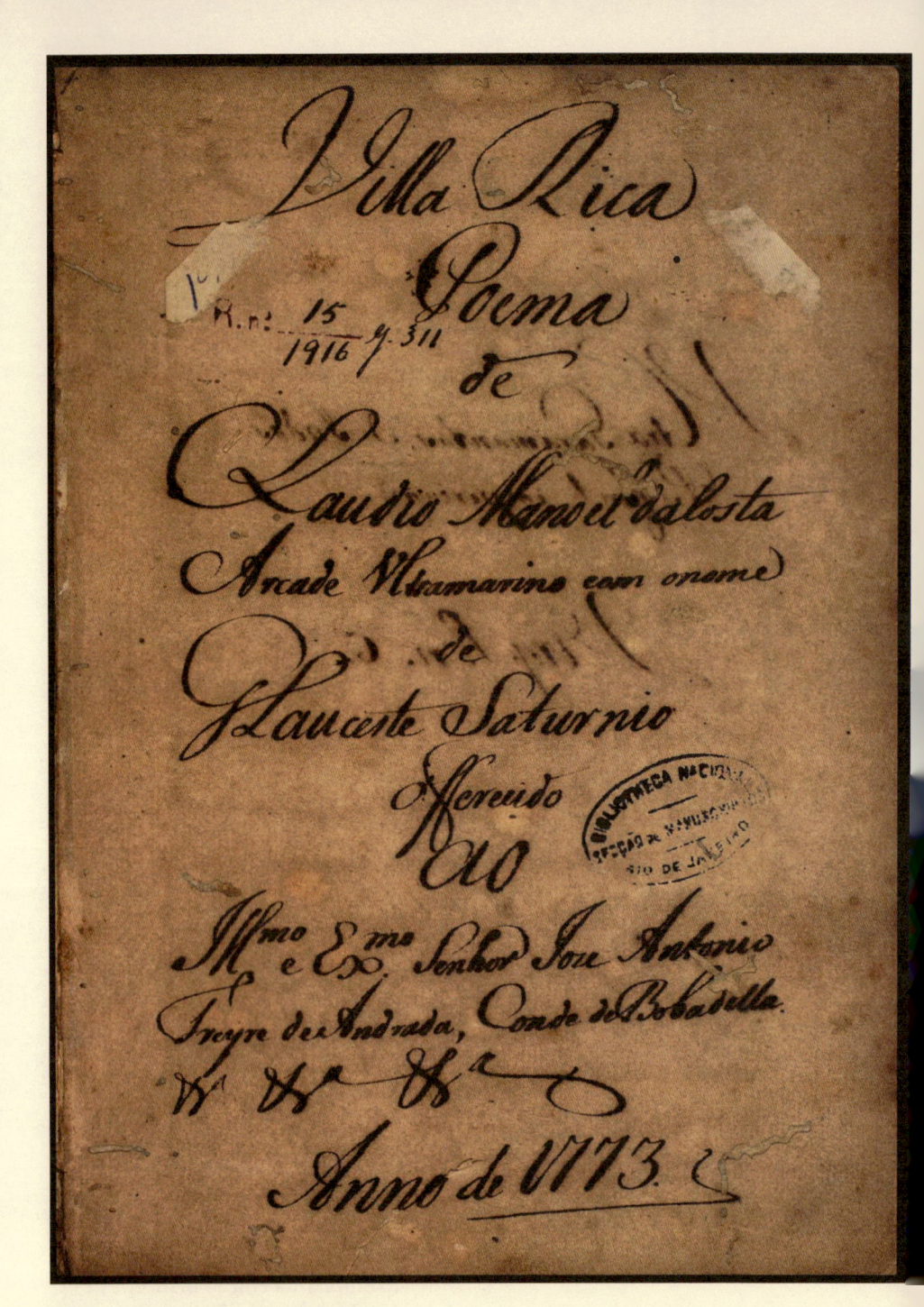

Manuscrito do poema "Villa Rica",
de Cláudio Manuel da Costa (1773).

Coronel Joaquim Silvério dos Reis.

Abaixo: Ordem para que seja presa qualquer pessoa que ficar devendo a Joaquim Silvério dos Reis. De 17/12/1784.

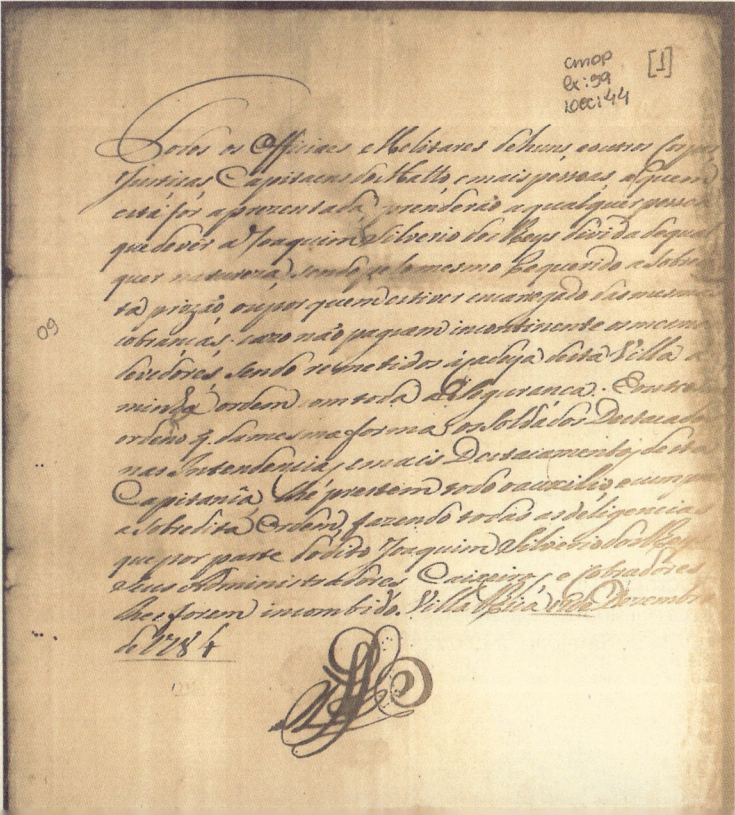

Documento autógrafo, 1777. Atestado passado pelo ouvidor e corregedor da comarca do Rio das Mortes, Inácio José de Alvarenga Peixoto, a João Dias da Mota, na Vila de São João, a 19 de outubro de 1777.

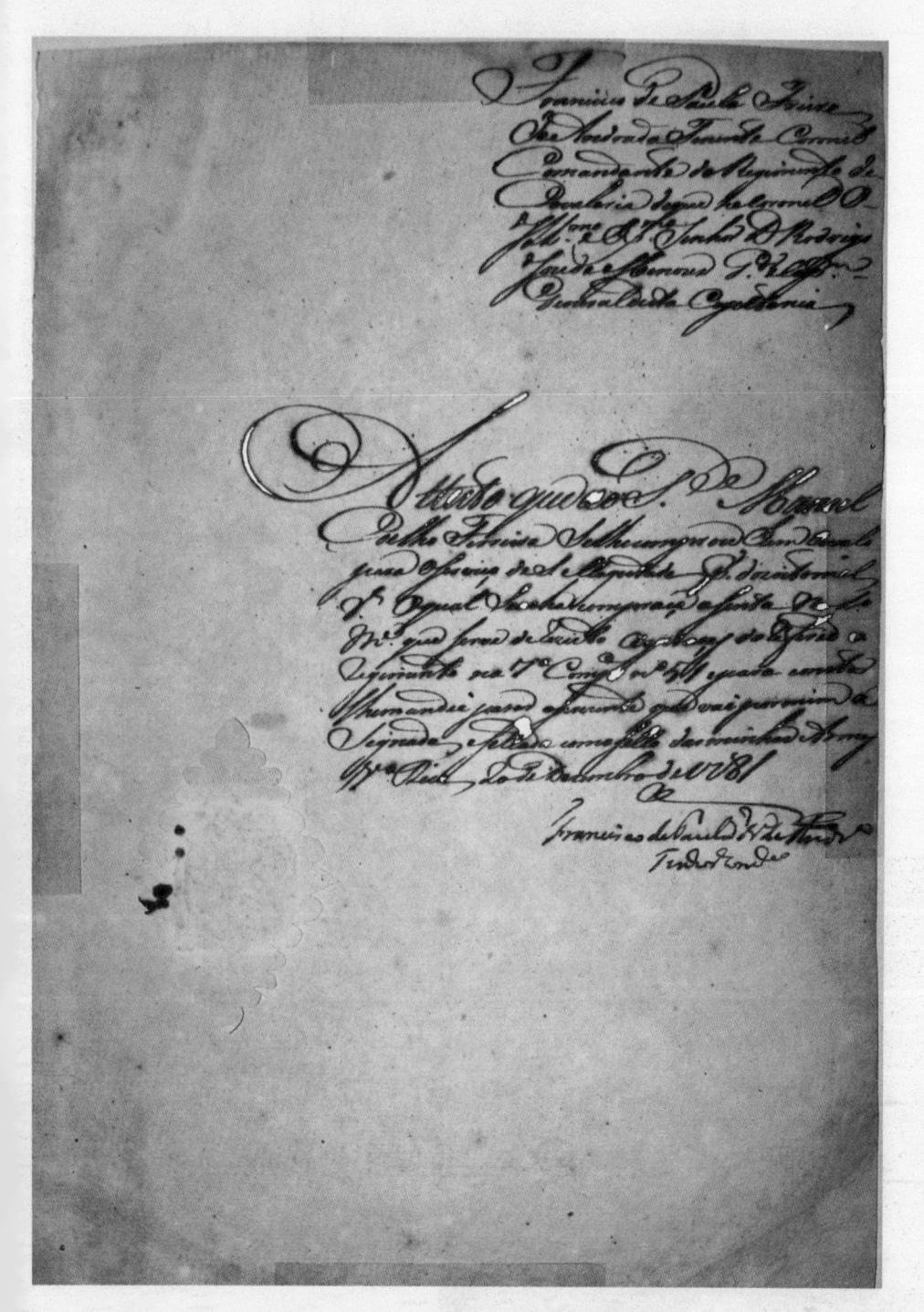

Documento autógrafo, 1781. Atestado passado em Vila Rica a 20 de dezembro de 1781, por Francisco de Paula Freire de Andrade, tenente-coronel do Regimento Regular de Cavalaria, referente à aquisição de um cavalo para o serviço de sua majestade.

RECUEIL
DES LOIX CONSTITUTIVES
DES
ÉTATS-UNIS.

C ij

Edição clandestina de *Recueil des loix constitutives des colonies angloises, conféderées sous la dénomination d'États-Unis de l'Amérique Septentrionale,* de 1778. Serviu como referência aos inconfidentes e foi apreendida com Tiradentes.

Thomas Jefferson. Óleo sobre tela, de Rembrandt Peale, 1800. Casa Branca, Washington.

PRISE DE LA BASTILLE

A queda da Bastilha, 1789. Litografia por François-Hippolyte Lalaisse (1812-1884), publicada no livro *Paris dans sa splendeur*, por volta de 1857. Localizado no Musée des Sables d'Olonne.

A assinatura da declaração da independência dos Estados Unidos. Pintura de John Trumbull, 1817.

Vista da cidade e da Universidade de Coimbra. Litografia de William del Barclay e Eugéne Cicébi, 1850.

Universidade de Coimbra.

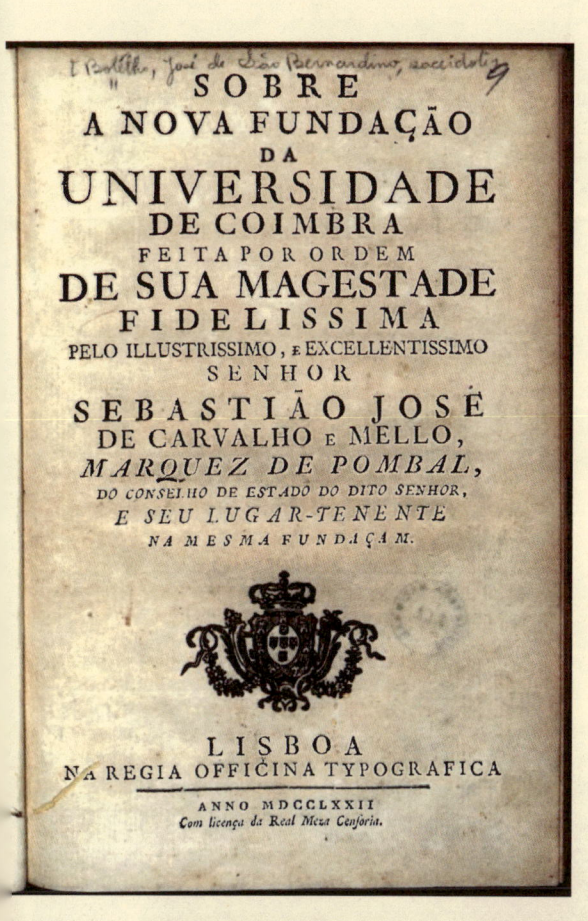

Documento autógrafo, 1802. Passado por Antônio Francisco Lisboa, o Aleijadinho, a 11 de julho de 1802, pela fatura dos profetas para a Capela do Bom Jesus de Matozinhos, de Congonhas do Campo.

ACERVO: MUSEU DA INCONFIDÊNCIA. (FOTOGRAFIA: ALDO ARAÚJO)

Antônio Francisco Lisboa, o Aleijadinho.

ACERVO: ARQUIVO PÚBLICO DE MINAS GERAIS.

Anteprojeto para a fachada da Igreja de Nossa Senhora do Carmo em São João del-Rei. Desenho aquarelado, atribuído a Antônio Francisco Lisboa, o Aleijadinho, séc. XVIII.

ACERVO: MUSEU DA INCONFIDÊNCIA. (FOTOGRAFIA: ALDO ARAÚJO)

Corte original da capela-mor da Igreja de São Francisco de Assis em Ouro Preto. Desenho aquarelado, atribuído a Antônio Francisco Lisboa, o Aleijadinho, séc. XVIII.

ACERVO: MUSEU DA INCONFIDÊNCIA. (FOTOGRAFIA: ALDO ARAÚJO)

Mapa da capitania de Minas Gerais com a divisa de suas comarcas, 1778.

Mapa do caminho do Rio de Janeiro para Vila Rica, 1701-1800 (data provável).

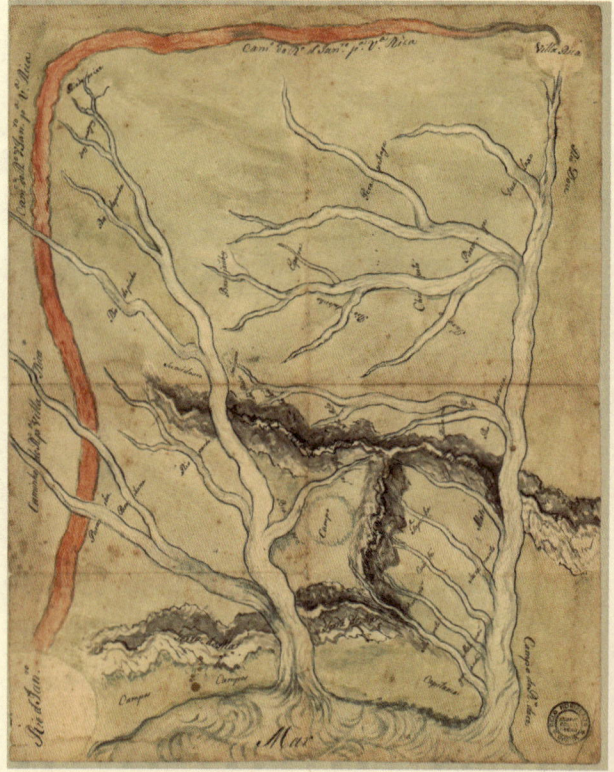

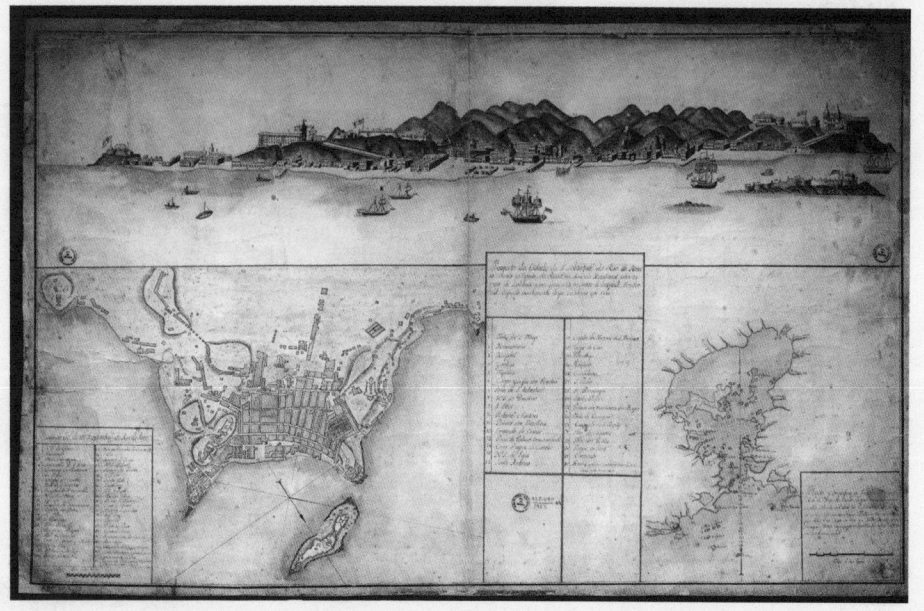

 Planta da cidade de São Sebastião do Rio de Janeiro, de Luís dos Santos Vilhena, 1775.

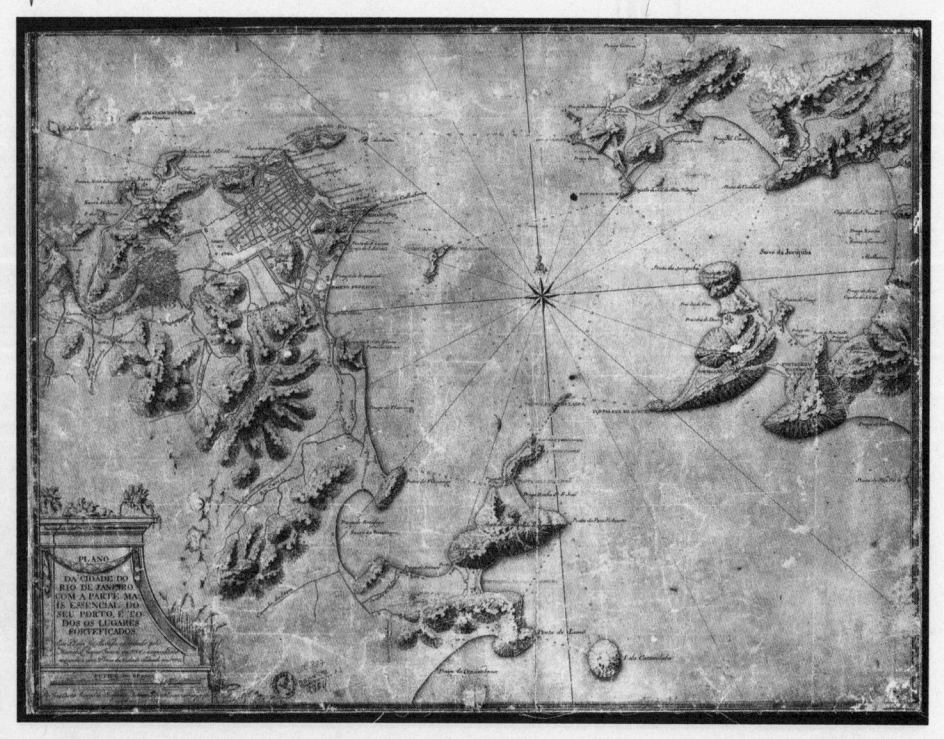

Plano da cidade do Rio de Janeiro com a parte mais essencial de seu porto e todos os lugares fortificados, de José Correia Rangel de Bulhões, 1796.

O aqueduto da Lapa. Gravura de James Dickson (1738-1822). Um dos principais marcos do Brasil colonial, construído durante o governo de Antônio Gomes Freire de Andrade, marcado por inúmeras obras.

Estátua equestre de d. Pedro I na Praça Tiradentes. Fotografia de Rafael Castro y Ordoñez (1834-1865). O mártir da independência foi executado próximo ao local, onde hoje se encontram a rua da Alfândega e a avenida Passos.

Praça Tiradentes e rua da Carioca. Fotografia de Luiz Musso, s/d.

Convento de Santo Antônio. Gravura de Pieter Godfred Bertichen.

Maria I. Regina Fidelissima. Gravura, de Gaspar Fróis Machado e Thomas Hickey, 1786. Retrato de d. Maria I, rainha de Portugal.

Vista frontal da casa de Marília de Dirceu em Ouro Preto, demolida em 1926.

Vista da Praça Tiradentes. Fotografia, autor desconhecido, cerca de 1870. Em destaque, o Palácio dos Governadores. Ao centro, a Coluna Saldanha Marinho, primeiro monumento comemorativo da Inconfidência Mineira.

Acima: *A prisão de Tiradentes*, de Antônio Parreiras, 1914.

ACERVO: MUSEU JÚLIO DE CASTILHOS.

À esquerda: O alferes Joaquim José da Silva Xavier.

ACERVO: ARQUIVO PÚBLICO DE MINAS GERAIS.

À direita: *Tiradentes esquartejado*, de Pedro Américo, 1893.

ACERVO: MUSEU MARIANO PROCÓPIO.

O rosto de Tiradentes é desconhecido, mas temos algumas descrições. Era alto. "Feio", segundo o poeta Alvarenga Peixoto. "Grisalho", disse em depoimento um estalajadeiro que o conheceu. Seguindo a norma dos militares da época, mantinha um bigode bem aparado. Na arte de Cláudio Duarte, vestindo o uniforme de alferes dos Dragões, um Tiradentes possível.

RADICALIZAR OU MORRER

Era noite, ainda não passava das nove quando veio a batida à janela de Cláudio Manuel da Costa. Protegida pelo escuro e pelas sombras, a figura gritou do jardim.[1] "O querem prender", disse, "fuja". O vulto atravessou a rua para a casa de Tomás Antônio Gonzaga. Dona Antônia da Costa, uma senhora negra livre, que trabalhava desde há muito para a família do desembargador, atendeu.[2] "Não distingui se era homem ou mulher", ela contou depois, "porque vinha rebuçado, com o chapéu desabado na cabeça, carregado sobre os olhos". Gonzaga não estava. Era 17 de maio de 1789. A figura correu soturna pela escuridão de Vila Rica, indo parar perante a casa de Diogo Pereira Ribeiro de Vasconcelos,

---

[1] Testemunho de Joaquim de Lima e Melo. In: *Autos de devassa da Inconfidência Mineira*, vol. 2.

[2] Testemunho de Antônia Costa. In: *Autos de devassa da Inconfidência Mineira*, vol. 2.

afilhado de casamento do ex-ouvidor. Tiradentes, disse, havia sido preso no Rio de Janeiro.[1]

A Inconfidência estava próxima de deixar seu primeiro cadáver. E não seria o alferes.

"Tiradentes se acha no Rio de Janeiro a fazer séquito", explicou o padre Carlos Correia de Toledo a um dos que encontrou naqueles dias. Estava tenso, mas focado. Antes que as prisões tivessem ocorrido, muitos deles ainda tinham esperança. Quando a Derrama não veio, em fevereiro, o tenente-coronel Francisco de Paula Freire de Andrade se retirou para sua Fazenda dos Caldeirões e pediu a Silva Xavier que fosse mais discreto. O engenheiro José Álvares Maciel se calou. Com a notícia de que a Derrama fora suspensa, Gonzaga ainda procurou o governador, tentou sondar, mas pelos sinais que colheu optou pelo lado da prudência. Os de Vila Rica se recolheram.

Os de Rio das Mortes, não. Queriam guerra. Quando a notícia da denúncia de Silvério dos Reis chegou, não desistiram. Nomeado para o comando da Mantiqueira, o capitão Maximiano de Oliveira Leite também se afastara. "Como está feito grão-turco da Serra", reclamou Tiradentes com Alvarenga Peixoto ao encontrá-lo no caminho para o Rio,

---

[1]   Testemunho de Diogo Pereira Ribeiro de Vasconcelos. In: *Autos de devassa da Inconfidência Mineira*, vol. 2.

"não quer entrar na sublevação". Mas tinham motivos para ter esperança de que o capitão Manuel da Silva Brandão, nomeado para o Serro, não estivesse perdido.

Em São José del-Rei, o padre Toledo se tornou o último grande articulador da Inconfidência ainda não perdida. Era um homem rico, nascido em Taubaté,[1] capitania de São Paulo. Em 1789, tinha 58 anos. Ele, que um dia num batizado chegou a erguer um brinde a seu desejo de se tornar bispo, era irmão de bispo. Antônio Correia foi bispo de Angola. Sua fortuna era familiar, mas aumentou consideravelmente por ter sido vigário de uma das paróquias mais ricas da capitania. Gerenciava o dízimo.

Após uma longa conversa com Alvarenga, Toledo bateu à porta de seu amigo, o coronel de auxiliares Francisco Antônio de Oliveira Lopes. Conversaram trancados num quarto. Ao sair, o coronel montou. Tinha destino: a Fazenda dos Caldeirões, onde estava isolado o comandante Francisco de Paula. Naquela tarde, um irmão do coronel encontrou o padre Toledo taciturno.[2] "Joaquim Silvério foi denunciar o levante", disse. E contou detalhes de seus planos. "O mais que duraria a guerra seriam três anos", explicou. "Se unidos o Rio de Janeiro e São Paulo, havia muita gente. Quando os americanos ingleses sacudiram o jugo tinham menos armas e, contudo, resistiram até se conseguir a liberdade".

1 JARDIM, Márcio. *A Inconfidência Mineira: uma análise factual.*

2 Testemunho do pe. José Lopes de Oliveira. In: *Autos de devassa da Inconfidência Mineira*, vol. 1.

O novo plano exigia que Francisco de Paula deixasse Caldeirões para se refugiar com o padre Rolim, no Serro. A revolução não mais começaria por Vila Rica. No Serro, teria apoio de seu capitão, recém-nomeado pelo visconde de Barbacena. Se não fosse a Derrama, seria a morte do governador que marcaria o levante. Sem assumir como seu o plano mais radical, ele o explicou a um capitão do mato de São José.[1] "No caso de haver desordem", contou, "se havia cortar a cabeça do General e levá-la ao pelourinho para fazer horror aos mais". Após a morte do governador, seria a vez de seus lugares-tenentes.

Em Caldeirões, Francisco Antônio deu a Francisco de Paula a notícia de que tinham sessenta cavalos prontos e homens dispostos à luta. O tenente-coronel não se comprometeu. O homem enviado pelo padre Toledo seguiu então para o Palácio do governador. Eles tinham um plano B, idealizado por Alvarenga.[2] Perante Barbacena, o coronel Francisco Antônio de Oliveira Lopes fez uma contradenúncia. Em sua versão, fora Silvério dos Reis quem tentara agitar o levante na comarca de Rio das Mortes.[3] Quando comentou sobre a possibilidade com o padre Toledo, este teria reagido horrorizado. Com medo, Silvério

---

[1] Testemunho de Inácio Correia Pamplona. In: *Autos de devassa da Inconfidência Mineira*, vol. 1.

[2] Segundo depoimento de Alvarenga Peixoto no Rio de Janeiro. In: *Autos de devassa da Inconfidência Mineira*, vol. 5.

[3] Testemunho de Luiz Vaz de Toledo Piza. In: *Autos de devassa da Inconfidência Mineira*, vol. 4.

teria buscado "um crucifixo em cima de uma mesa, pega-ra nela e se botara a seus pés dizendo e prometendo que nunca mais falaria em tal". Com essa denúncia, queriam ganhar tempo.

Datada de 19 de maio, já era a terceira recebida pelo governador. Francisco de Paula Freire de Andrade havia se antecipado, relatando parcialmente o que sabia.

Entre 10 e 12 de maio, Vicente Vieira da Mota, conta-dor de João Rodrigues de Macedo, fez uma visita ao vis-conde de Barbacena. Seu patrão devia 763:168$019 réis à Fazenda,[1] o equivalente a 2,3 toneladas de ouro — quase metade da dívida total de todos os contratadores. São, em todos os depoimentos de réus, em todos os testemunhos deixados, mínimos os indícios de que Macedo estava en-volvido. No entanto, ninguém tinha mais motivos finan-ceiros para desejar o levante. Inúmeras conversas foram travadas no térreo ou mesmo na parte íntima de sua casa. Era amigo pessoal, confidente, credor, até compadre, de vários dos envolvidos.

E entre 10 e 12 de maio seu contador fez uma visita ao visconde.

Semanas depois, Macedo alugou sua casa, a mais bela de Minas, ao governo, para abrigar as tropas que chegavam

---

[1]   MAXWELL, Kenneth. *A devassa da devassa.*

do Rio e para servir de cadeia aos prisioneiros especiais. Ao longo dos anos seguintes, generoso como sempre se mostrou, mesmo já à beira da falência, emprestou pelo menos 20:000$000 réis ao governador,[1] o equivalente a 60kg de ouro. Macedo não apareceria no processo.

Não era intenção do visconde de Barbacena promover um grande processo público que arrastaria para a prisão os homens mais importantes da capitania. Alertou o tio vice-rei da presença de Tiradentes no Rio, enviou também para lá Silvério dos Reis. Recomendou, porém, cautela.[2] Queria abafar e negociar. No entanto, Alvarenga Peixoto, talvez sem querer, tinha compreendido melhor do que o governador os métodos de Luís de Vasconcelos ao alertar Tiradentes de que "o vice-rei não era para graças".[3] No Rio, o alferes e Silvério foram presos, e imediatamente um processo público foi aberto. Não haveria possibilidade de abafar qualquer coisa.

Barbacena percebia que era possível cooptar alguns dos inconfidentes, como fez com dois militares. Mas sua cautela não se devia apenas ao temperamento, tampouco era despropositada. Não só o plano cogitava a possibilidade de

---

[1]   JARDIM, Márcio. Op. cit.

[2]   MAXWELL, Kenneth. Op. cit.

[3]   Segundo depoimento de Alvarenga Peixoto no Rio de Janeiro. In: *Autos de devassa da Inconfidência Mineira*, vol. 5.

sua morte, como os conspiradores incluíam parte do clero, da elite e, possivelmente, de toda a tropa paga. Ele não tinha escolha que não envolvesse ser cauteloso. Desde março, avisara de tudo o bispo Domingos da Encarnação Pontével. Seria, em caso de sua morte, o sucessor legal.

Oficialmente, o governador foi avisado da prisão de Tiradentes e de que tropas vindas do Rio já estavam a caminho, no dia 19 de maio, à noite. Foi informado também de que no dia 7 o vice-rei abrira um processo oficial para investigar a conspiração. Agora, sem escolhas, ele teria de fazer o mesmo em Minas.

Ao chegar ao Brasil pela primeira vez, para assumir o governo em 1778, Luís de Vasconcelos e Sousa tinha 36 anos. Era gordo, louro de olhos azuis. Foi o primeiro vice-rei do Brasil que não tinha título de nobreza nem história militar. Era advogado, filho do primeiro marquês de Castelo Melhor e irmão do segundo. Encerraria a carreira, anos depois, como ministro dos Negócios da Fazenda do príncipe regente d. João no momento em que, ironicamente, estava para transferir sua corte para o Rio de Janeiro, justamente a cidade que Vasconcelos transformou.

O segundo marquês do Lavradio, seu antecessor, não suportava o Brasil.[1] Se queixava do "verão ardentíssimo",

---

[1]   LAVRADIO, marquês do. *Cartas do Rio de Janeiro, 1769-1776*.

reclamava "das moléstias impertinentes deste país" e "do ar que aqui se respira". Não Luís de Vasconcelos. Tinha seus momentos de irritação. Descobriu no Rio uma cidade extremamente conservadora, que escondia suas mulheres dentro de casa e cobria com mantilhas e mangas cada palmo de suas peles, trancadas à noite sem sair. A vida europeia, cosmopolita, era muito distinta, mas Vasconcelos descobriu no Rio inúmeras possibilidades. Tornou-se mecenas do pintor Leandro Joaquim, fundou a Sociedade Literária à qual se dedicou o poeta carioca Manuel Inácio da Silva Alvarenga. Gostava do convívio com artistas, cientistas e pensadores.

Seu maior aliado, porém, foi Valentim da Fonseca e Silva. Mineiro, filho de um burocrata português com uma escrava, tinha 34 anos quando o vice-rei chegou ao Brasil. Usava barba espessa, contemporâneo de Aleijadinho. Mestre Valentim estudou em Lisboa e fez carreira como arquiteto e escultor na capital da colônia. Talvez os dois maiores artistas plásticos brasileiros do século XVIII, embora mineiros, nunca tenham se conhecido. O trabalho de um não podia ser mais distinto do que o do outro: Aleijadinho gostava de trabalhar a maleável pedra sabão; já Valentim foi, provavelmente, o primeiro escultor em metal do Brasil, com suas longilíneas e elegantes figuras humanas e animais em ferro fundido.

O Rio de Janeiro em que viviam tinha 46 ruas, dezenove largos, seis becos e quatro travessas.[1] Havia 41 igrejas

---

[1] MATTOS, Rosa Augusta Aluizio de. *A gestão sustentável de recursos hídricos: o caso do controle das enchentes da bacia hidrográfica do rio Joana, no Rio de Janeiro.*

distribuídas por três freguesias, oito fontes públicas, nove escolas primárias, cinco hospitais e cinco conventos — três de homens, dois de mulheres —, tudo para alojar 38 mil habitantes.[1] Inúmeros mangues por toda parte; uma cidade cercada por pântanos. Foi um deles, o do Boqueirão, que Vasconcelos mandou aterrar para transformar em Passeio Público. Puseram abaixo parte do morro de Santa Teresa para a obra, que durou quatro anos. Ao terminar, o Passeio ficava à beira da Baía de Guanabara, que no correr dos séculos outros tantos aterros afastou. Havia dois quiosques hexagonais em cada ponto do parque, onde tocavam, pela primeira vez, música ao vivo quando a noite chegava. Vendiam cerveja e batizaram o caminho para o parque de rua das Belas Noites, hoje conhecida como rua das Marrecas.

Em fins do século XVIII, um passeio elegante era marca de uma cidade do mundo. O Passeio Público não fez do Rio cosmopolita. Não ainda. Seria preciso vir a regência, o Império e a República para isso, mas Vasconcelos, que terminou a vida feito conde de Figueiró, foi um dos raros vice-reis que demonstraram gostar do Brasil. Outros, inclusive o próprio Lavradio, foram responsáveis por obras importantes de urbanismo. O vice-rei que lançou o processo contra os inconfidentes quis fazer da capital uma cidade agradável.

---

[1] MACEDO, Joaquim Manuel de. *Um passeio pela cidade do Rio de Janeiro.*

Domingos Vidal de Barbosa Lage, o jovem médico primo do coronel Francisco Antônio de Oliveira Lopes, foi aluno do poeta carioca Silva Alvarenga.[1] Domingos, que conhecera Thomas Jefferson por intermédio do também carioca José Joaquim da Maia, foi ligado à Sociedade Literária do Rio de Janeiro e terminou preso como um dos inconfidentes secundários.

No início da tarde do dia 22 de maio, Cláudio almoçava na casa de Gonzaga quando bateram à porta o amigo de ambos, Francisco Bandeira, intendente da Real Fazenda. Estava acompanhado do juiz José Caetano César Manitti, ouvidor de Sabará. O dono da casa os convidou à mesa, onde o velho poeta se queixava do boato de que tinha sido denunciado junto a Alvarenga e do cônego Vieira. Gonzaga fez graça. Disse que, quando saíssem, escreveria ainda uma ode "tão sossegado ficava no seu espírito".[2] Saíram quando já era noite.

Naqueles dias de maio, Tomás Antônio Gonzaga se recusou a receber muita gente. Não deixou a casa. Queixava-se de dores e estava ocupado, disse um de seus

---

[1]   TUNA, Gustavo Henrique. *Silva Alvarenga: representante das Luzes na América portuguesa.*

[2]   Primeiro depoimento de Tomás Antônio Gonzaga no Rio de Janeiro. In: *Autos de devassa da Inconfidência Mineira*, vol. 5.

empregados,[1] bordando a roupa de casamento. Entravam só os amigos que visitavam já todo dia, fazia muitos anos: Cláudio e Bandeira. Outro de seus empregados contou[2] que o poeta guardava todos os papéis e documentos num mesmo móvel e que não o viu queimar ou pôr nada para fora. Era um homem caseiro.

Naquela noite, após seus amigos o deixarem, ele se recolheu mais cedo do que o habitual. Quando amanheceu o sábado dia 23, sua casa estava cercada por soldados. Ainda estava deitado. O juiz Manitti trazia consigo a ordem de prisão, que tinha em mãos fazia dois dias, e Gonzaga não ofereceu resistência. Seu casamento estava marcado para o dia 30. Ele e Marília morena nunca mais se veriam.

Na manhã de domingo, 24, o padre Toledo recebeu recado do coronel Francisco Antônio para que o encontrasse numa região de mato à beira da Serra, próximo de São José. Quando saía, deu de cara com seu irmão, Luiz Vaz.[3] "Que é isto, meu vigário? De Santo Cristo ao peito?" Ele só usava o crucifixo quando saía de viagem. "Não sei o

---

[1]   Testemunho de Manuel José da Costa Mourão. In: *Autos de devassa da Inconfidência Mineira*, vol. 2.

[2]   Testemunho de Joaquim José Correia. In: *Autos de devassa da Inconfidência Mineira*, vol. 2.

[3]   Testemunho de Inácio Correia Pamplona. In: *Autos de devassa da Inconfidência Mineira*, vol. 1.

que sucederá", respondeu o padre. "A mim não me hão de pegar", disse Luiz.[1]

Ao chegar ao ponto de encontro, o coronel já estava. "Devemos fazer o levante", ele disse. Ainda na véspera, mandara um portador insistir com o comandante dos Dragões que fosse para o Serro. Eles apoiariam do sul. Tentariam conseguir São Paulo, mas levantar "com que gente?", perguntou-lhe o padre.[2] Se houvesse alguns brancos, se cada um levar um negro, conjecturou. "Pois eu irei", disse o coronel. Já não tinha convicção na voz: "Estamos perdidos", suspirou. "Mais vale morrer com a espada na mão", falou então o padre Toledo, "do que como carrapato na lama".

Os homens se despediram. Francisco Antônio já havia subido a serra quando, de longe, viu um grupo de soldados cercando Toledo.

No dia 27, saiu de São João del-Rei uma escolta liderada pelo tenente Antônio Dias Coelho levando, para o Rio de Janeiro, o padre Carlos Correia de Toledo e o coronel Inácio José de Alvarenga Peixoto. Dias Coelho era, de certa forma, cunhado de Alvarenga; afinal, não muitos anos antes, o poeta o flagrou na cama de Maria Policena, irmã de sua

---

[1]   Testemunho do pe. José Lopes de Oliveira. In: *Autos de devassa da Inconfidência Mineira*, vol. 1.

[2]   Segundo depoimento do padre Carlos Correia de Toledo no Rio de Janeiro. In: *Autos de devassa da Inconfidência Mineira*, vol. 5.

mulher. Aquela breve relação deixara um filho. Apenas uns dias antes de sua prisão, o poeta havia começado uma ode em homenagem ao visconde de Barbacena.

No dia 30 de maio, o soldado Francisco Xavier Machado viu,[1] quando passou pelo Paraibuna, na direção do Rio, uma escolta que levava preso o desembargador Tomás Antônio Gonzaga. Menos de um mês antes, ele havia emprestado na capital suas pistolas para o alferes Silva Xavier, que tentaria fugir.

No dia 31, Machado viu passarem Toledo e Alvarenga.

Cláudio Manuel da Costa foi preso[2] no dia 25 de junho de 1789 e levado para a casa onde viveu João Rodrigues de Macedo. Um quarto no térreo, imediatamente abaixo da pesada escadaria de pedra que tanto orgulhou o homem que construiu o prédio, serviu-lhe de cela. Havia completado sessenta anos três semanas antes.

No dia 2 de julho, foi convocado à frente dos desembargadores Pedro José Araújo Saldanha, substituto de Gonzaga, e José Caetano César Manitti. Era um homem frágil e, possivelmente, estava deprimido. Aos dois juízes, contou que temia ser preso desde que levaram seu amigo

---

[1]   Testemunho de Francisco Xavier Machado. In: *Autos de devassa da Inconfidência Mineira*, vol. 1.

[2]   MELLO E SOUZA, Laura de. *Cláudio Manuel da Costa*.

desembargador. Cláudio era um homem profundamente católico. "Se encheu de grande terror" perante a possibilidade, disse-lhes.[1] Agarrou-se aos santos que tinha, pôs-se em oração "para se ver livre deste ataque de que o não puderam salvar os seus pecados".

Naquela sala, Cláudio ruiu.

"Não há dúvida que, em casa do dr. Gonzaga, ouviu por várias vezes conversar sobre a dita matéria", disse-lhes, conforme registrou Manitti. De todos os depoimentos iniciais de testemunhas e réus, foi o primeiro a entrar em detalhes, indicar reuniões, traçar relação entre envolvidos. Mencionou os líderes um por um: os padres Carlos Correia de Toledo e José da Silva e Oliveira Rolim; José Álvares Maciel; o tenente-coronel Francisco de Paula Freire de Andrade; o alferes Joaquim José da Silva Xavier; Inácio José de Alvarenga Peixoto; o contratador Domingos de Abreu Vieira. "Gonzaga, Alvarenga e o vigário Carlos foram os que puseram algum interesse na esperança desta ação", disse. E foi além: "Se bem que em certa ocasião ouviu dizer o doutor Gonzaga, segundo sua lembrança, que o general o exmo. sr. visconde sempre dizia ter o primeiro lugar no caso de sublevação e que ele respondente continuou na mesma graça, disse, que fizera bem trazer mulher e filhos em tal caso".[2]

---

[1]   Único depoimento de Cláudio Manuel da Costa em Vila Rica. In: *Autos de devassa da Inconfidência Mineira*, vol. 2.

[2]   MAXWELL, Kenneth. Op. cit.

👑　　👑　　👑

A história brasileira está apinhada de porões sombrios, vedados a testemunhas. Num deles, na madrugada de 4 de julho de 1789, encontrou-se Cláudio Manuel da Costa. Bom poeta mas um homem pequeno, que viveu uma vida salpicada de miúdas covardias. Nunca apresentou abertamente a mulher que foi seu amor toda a vida. Na poesia, encarnou um herói imaginário, europeu, quando ele próprio era brasileiro de todo. Perante uma geração de jovens iluministas, foi um velho seiscentista. E, naquele primeiro depoimento, enquanto seus amigos se faziam de desentendidos, incriminou a todos um por um, incluindo o próprio governador, visconde de Barbacena. Quando o dia amanheceu, seu corpo morto pendia, o pescoço atado a um cadarço vermelho. Um joelho estava apoiado numa prateleira; o braço direito, noutra.

"Se entendi o homem que foi Cláudio Manuel da Costa", escreveu sua biógrafa, a historiadora Laura de Mello e Souza, "sou levada a afirmar que decidiu pôr um termo a sua vida". Suicídio. "O suicídio de Cláudio Manuel da Costa", escreveu o historiador britânico Kenneth Maxwell, "foi extraordinariamente conveniente para aqueles que ainda estavam fora da prisão". Macedo, por exemplo. Ou Barbacena. "Se a morte do poeta foi assassinato deliberado, serviu de clara e terrível advertência aos demais sobre o ponto a que certos interessados estavam dispostos a ir para se protegerem da incriminação".

"Achou-se de pé, encostado a uma prateleira com um joelho firme em uma tábua dela e o braço direito fazendo força em outra tábua", descreve o laudo do legista. "Uma liga de cadarço encarnado, atado à dita tábua, e a outra ponta com a qual uma laçada e o nó corrediço deitado ao pescoço do dito cadáver, que o tinha esganado e sufocado". Ainda estranhavam, no século XVIII, que alguém pudesse morrer enforcado mesmo que apoiado a alguma superfície — o que legistas, hoje, chamam de "suspensão incompleta".[1] É porque, na morte por enforcamento, o menos importante é a obstrução das vias respiratórias.

Primeiro há compressão dos vasos sanguíneos do pescoço, em particular as artérias carótidas. Quando obstruídas, cessam a oxigenação do cérebro e a pessoa desmaia. A compressão dos nervos do pescoço que se localizam nas laterais podem também provocar uma parada cardíaca. A obstrução do sistema respiratório não costuma ocorrer pela esganadura da traqueia. Corda ou fio, quando o corpo cai, em geral se desloca para cima, comprimindo a região que liga pescoço à cabeça. Isso pressiona o osso hioide, o que desloca a língua para cima, colando-a ao palato e bloqueando a passagem do ar pela boca ou narinas. O desmaio vem rápido, e a morte, em menos de cinco minutos.

---

[1] FERREIRA, Arnaldo Amado. *A morte do inconfidente Cláudio Manuel da Costa, assassinato ou suicídio?*

Por mais esdrúxula que fosse sua posição, o suicídio não era impossível. De acordo com o rito do tempo, para ter valor jurídico um depoimento precisava ser posteriormente confirmado após leitura. Ao morrer sem confirmá-lo, Cláudio tornou nula sua delação, mas a tese do assassinato é de todo coerente. E os dois homens que mais poderiam ter interesse em sua morte, Barbacena e Macedo, eram justamente os dois homens que tinham mais facilidade de acesso à cela, durante a madrugada. Um por ser governador, o outro porque era dono da casa.

No dia 30, o padre Rolim se entregou às autoridades. Foi o último dos líderes inconfidentes presos.

Tiradentes prestou seu primeiro depoimento no dia 22 de maio de 1789. A sentença final foi lida para os réus em 18 de abril de 1792. Quase três anos de processo durante os quais permaneceram, ao menos em teoria, incomunicáveis. Os dois réus que prestaram mais depoimentos foram Rolim e Tiradentes. O padre foi inquirido dez vezes, todas em Vila Rica, entre 19 de outubro e 16 de dezembro de 1789. Naquele mesmo ano, Tiradentes prestou três depoimentos nos quais disse muito pouco. Falou duas vezes aos juízes em 1790, e seis em 1791.

Entre o início do processo e o enforcamento do alferes, o mundo se transformou. Na França, a Bastilha caiu e Luís XVI renunciou ao poder absoluto aceitando uma constituição democrática, o que pouco adiantou, pois terminou preso com a família. Nos Estados Unidos, George Washington iniciou o primeiro mandato de um presidente de uma República e uma emenda à Constituição foi aprovada garantindo total e irrestrito direito à expressão, mais ou menos no momento em que Thomas Jefferson retornava de sua estada europeia. Um décimo quarto estado se juntou às treze colônias revolucionárias.

Na interpretação do historiador João Pinto Furtado, o julgamento mostra Portugal começando a entender aquele mundo mutante. Inicialmente, vê o movimento como a baderna movida por um padre fora da lei, contrabandista conhecido, suspeito de sempre. E aí, lentamente, transfere seu foco para um alferes idealista que falava demais.

Durante os depoimentos, houve os dignos. Homens como Gonzaga e o cônego Vieira da Silva. Inteligentes, treinados, não assumem culpas, não denunciam ninguém, fazem-se desapercebidos. Há os que desmontam. Cláudio. E o outro poeta. Em seu segundo depoimento, Alvarenga Peixoto entra num longo e confuso discurso bajulador, recheado de expressões em latim fora do contexto e citações mitológicas. De repente, perde-se e solta uma confissão em jorro, cheia de detalhes. Ao mesmo tempo que tenta se distanciar, mostra-se cada vez mais conhecedor de todo o planejamento. Alguns apenas contam o que sabem. Casos dos padres Rolim e Toledo.

E há Tiradentes. Em seus primeiros três depoimentos, não diz quase nada. No quarto, em janeiro de 1790,
confessa. E persiste réu confesso, posicionando-se na liderança do movimento e aliciador de todos, a partir daí.
Herói, talvez. Ou ególatra.

Provavelmente ambos.

O ENFORCADO

Joaquim José deixou o prédio da cadeia, no Rio de Janeiro, por volta das oito da manhã, em 21 de abril de 1792. Estava barbeado. Restavam-lhe apenas três bens: a caixinha com ferros de tirar dentes e duas navalhas. Nu, vestia a alva, camisolão branco dos condenados à morte.[1] Quando entrou na cela aquela manhã, o carrasco lhe pediu perdão. "A Justiça é que lhe moveria os braços", explicou. Era praxe.

Nos dias anteriores, a cidade vivera a expectativa de que seriam muitos os enforcados. Então, circulou a notícia de que haviam sido perdoados, a pena capital convertida em degredo, e depois a confirmação de que a forca ainda teria uso naquela manhã. As igrejas da cidade realizaram missas de celebração à rainha, pela generosidade de ter poupado a vida dos outros; celebravam, igualmente, a morte do traidor.

---

[1]   PENAFORTE, frei Raimundo da Anunciação. Últimos momentos dos inconfidentes de 1789. In: *Autos de devassa da Inconfidência Mineira*, vol. 9.

"Condena ao réu Joaquim José da Silva Xavier, por alcunha Tiradentes, alferes que foi da tropa paga da capitania de Minas, a que, com baraço e pregão, seja conduzido pelas ruas públicas ao lugar da forca, e nela morra morte natural para sempre", dizia a sentença. "Que depois de morto lhe seja cortada a cabeça e levada a Vila Rica, onde no lugar mais público será pregada em um poste alto, até que o tempo a consuma, e o seu corpo será dividido em quatro quartos, e pregados em postes, pelo caminho de Minas, no sítio da Varginha e das Cebolas, onde o réu teve as suas infames práticas, e os mais nos sítios de maiores povoações, até que o tempo também os consuma".

Tiradentes vestia capuz branco, tinha os pés descalços e, nas mãos atadas, levava um crucifixo. "Da esquina da rua da Misericórdia até a nossa casa, a procissão parou mais de trinta vezes", lembraria muitos anos depois, já velhinha, Clemencia Teixeira Furtado.[1] Naquele 21 de abril, tinha dezesseis anos e era escrava. Foi um longo e lento cortejo. À frente, os soldados da Primeira Companhia do Esquadrão de Guarda do vice-rei.[2] Então o alto clero, seguido pelos membros da Irmandade da Misericórdia e depois os padres confessores que circundavam o condenado. Atrás vinham os juízes e os meirinhos, que circundavam o carrasco. E, por fim, autoridades, seguidas por uma segunda companhia militar e um carretão para

---

[1]   VIEIRA FAZENDA, José. *Antiqualhas e memórias do Rio de Janeiro*, vol. 1.

[2]   CAVALCANTI, Nireu. *O Rio de Janeiro setecentista.*

trazer de volta o corpo esquartejado. Vestiam todos suas melhores roupas: veludos, sedas, linhos; quem montava trazia os cavalos brilhosos de tão limpos.

"Declaram o réu infame, e seus filhos e netos, tendo-os", seguia a sentença. "Os seus bens aplicam para o Fisco e Câmara Real, e a casa em que vivia em Vila Rica será arrasada e salgada, para que nunca mais no chão se edifique, e não sendo própria será avaliada e paga a seu dono pelos bens confiscados, e no mesmo chão se levantará um padrão pelo qual se conserve em memória a infâmia deste abominável réu". O sal servia para que a terra fosse inutilizada e nem mato nascesse. Terreno vazio, símbolo para as décadas seguintes.

"De vez em quando", lembrou-se dona Clemencia, "um sujeito de preto e de bacalhau ao pescoço lia um papel xingando o padecente". Bacalhau: gravata branca de renda. Segundo a reconstituição do arquiteto Nireu Cavalcanti, desceram a atual rua da Assembleia, pegaram a Carioca e, na altura da praça Tiradentes, viraram à direita na avenida Passos. A forca fora erguida aproximadamente onde hoje se encontram rua da Alfândega e avenida Passos, em pleno Saara. "Nem por pensamentos traias o teu rei, porque as mesmas aves do céu levarão a tua voz e manifestarão teus juízos", leu um religioso citando o Eclesiastes. As fachadas das casas estavam ornadas com tecidos vistosos e bandeirolas. Das janelas gritavam vivas à rainha, as mulheres se amontoavam, esticando o pescoço para ver. "Muita gente viu a procissão duas, três e quatro vezes, dando volta pelas ruas vizinhas", contou a velha senhora. Havia multidão, que jogava moedas para pagar pelas missas que encomendassem um canto no paraíso ao réu.

Estava quente. Joaquim José não desgrudava os olhos do crucifixo. Passava já das onze quando alcançaram o local da forca, uma estrutura alta em madeira com mais de vinte degraus. Regimentos militares estavam postados de um lado e do outro para facilitar acesso a quem cabia. Tiradentes subiu ligeiro e cedeu lugar ao carrasco. "Seja breve", pediu-lhe. Repetiria ainda mais duas vezes o pedido. Um franciscano ascendeu também ao cadafalso e se virou para a multidão. "Não se deixem possuir só da curiosidade e do assombro", gritou. "Implorem a Deus a última graça para quem pagará por seu delito".

"Creio em Deus Pai Todo-Poderoso, criador do céu e da terra, e em Jesus Cristo, seu único Filho Nosso Senhor", disse um padre que rezava o Credo. Joaquim José foi abruptamente erguido. "Nasceu de Virgem Maria, padeceu sob Pôncio Pilatos, foi crucificado, morto e sepultado, desceu aos infernos, ao terceiro dia ressurgiu dos mortos". Seu corpo, pendente. "Subiu ao Céu, está sentado à direita de Deus Pai todo-poderoso, de onde há de vir a julgar os vivos e os mortos. Creio no Espírito Santo, na Santa Igreja Católica, na comunhão dos santos, na remissão dos pecados, na ressurreição da carne, na vida eterna. Amém". Em menos de cinco minutos estava feito.

Gritaram três vivas à rainha.

Horas depois, dona Clemencia viu a carreta conduzindo os restos e um embrulho que parecia sua cabeça. "À noite", ela contou ao velho cronista Vieira Fazenda, "pusemos luminárias, mas minha senhora e a gente de casa dizia à boca pequena que o padecente era um inocente". A cidade toda se iluminou, os sinos tocaram. "Fiquei tão enojada que deixei de comer naquele dia".

Ao todo, o julgamento reuniu 34 réus. Um, o contratador Joaquim Silvério dos Reis, foi liberado após um ano na prisão, ainda durante o processo. No dia 18 de abril de 1792, os juízes puseram suas assinaturas numa sentença. Catorze foram condenados à forca, entre eles os nove considerados líderes do movimento. Cinco, condenados à prisão perpétua em Angola e outros cinco ao exílio em diversas das colônias africanas. Um desses, exilados por dez anos; os outros, para sempre. Um foi condenado a açoite e galés. Dois foram absolvidos porque a Justiça considerou que o tempo que passaram na cadeia foi mais do que suficiente para eximi-los de qualquer culpa que tivessem. Cinco foram declarados inocentes. Do total de 34 presos, três morreram no cárcere: Cláudio Manuel da Costa, Francisco José de Melo e Manuel Joaquim de Sá Pinto do Rego Fortes. Ao fim, os dois últimos foram considerados inocentes.

A corte considerou que o levante teve nove líderes. O alferes Joaquim José da Silva Xavier, o tenente-coronel Francisco de Paula Freire de Andrade, José Álvares Maciel, Inácio José de Alvarenga Peixoto, o contratador Domingos de Abreu Vieira, Francisco Antônio de Oliveira Lopes, Luís Vaz de Toledo Piza, além dos padres Carlos Correia de Toledo e

José de Oliveira Rolim. Todos foram condenados à forca e que, após a "morte natural para sempre", suas cabeças fossem decepadas e fincadas em hastes altas como exemplo. Tiradentes e Francisco de Paula, por serem considerados os principais, teriam suas casas derrubadas e o terreno salgado. Por ter ainda tentado seduzir outros tantos ao levante Minas afora, o alferes teria também seus outros membros espalhados pela capitania, para servir sempre de exemplo.

O que os réus não sabiam era que, desde outubro de 1790, os juízes tinham uma carta com instruções especiais da rainha para depois terem decidido as sentenças. Os réus membros do clero deveriam ser enviados a Portugal sem saber sua condenação para que sua majestade decidisse seu futuro. Os líderes deveriam ter suas penas comutadas para a prisão em Muxima ou Benguela, ambas em Angola. Os outros seriam exilados, para a vida, nas colônias africanas. Segundo a ordem régia de 1790, só não receberiam o perdão os réus que, porventura, "com discursos, práticos e declamações sediciosas, assim em público como em particular, procurassem em diferentes partes fora das ditas assembleias introduzir no ânimo de quem os ouvia o veneno de sua perfídia e dispor e induzir os povos". É onde Tiradentes se encaixava.

Luís de Vasconcelos já não era vice-rei do Brasil naquele 18 de abril de 1792. Fora substituído pelo conde de Resende. Às oito da manhã, ele se trancou numa sala com os juízes

Antônio Gomes Ribeiro, Sebastião Xavier de Vasconcelos e Antônio Dinis da Cruz e Silva — o mesmo que, um dia, escreveu versos ligeiros para Bárbara Eliodora e suas duas irmãs. Aos quatro, juntaram-se os dois juízes que haviam tomado os depoimentos no Rio e em Minas, Francisco Luís Álvares da Rocha e José Caetano César Manitti, e ficaram trancados até as duas da manhã.

Durante aquela mesma noite, os trinta réus que sobravam foram transferidos para o prédio da câmara e cadeia, no Rio. Estavam, enfim, para ouvir sua sentença. O edifício é outro, mas o local é o ocupado pelo atual Palácio Tiradentes, da Assembleia Legislativa. Desse grupo, na manhã do dia 19, onze foram reunidos numa grande sala. Mais de cem soldados guardavam o prédio, e pela cidade se espalhava a notícia de que o julgamento que tantos mobilizara estava para chegar ao fim.

A leitura da sentença demorou duas horas.

Aqueles onze homens estavam incomunicáveis fazia quase três anos. Agora, presos pelos pés e pelas mãos, ouviram a notícia de que morreriam e, na sequência, a carta régia comunicando as regras para a comutação de pena. Os juízes saíram. No primeiro instante, júbilo. Então, soturno, Alvarenga Peixoto se manifestou. "Meus amigos", ele disse, "aquela exceção não se estende comigo, com vossas mercês. Apenas Vidal e Salvador escaparão do laço". O poeta estava transtornado. Fazia vozes, falava sozinho, culpava a mulher. Lamentava deixar a filha órfã. Ajoelhou-se. Alguns reclamavam dos depoimentos de quem consideravam tê-los incriminado. Outros rezavam calados. Os últimos embargos foram apresentados e percebiam aqueles como sua última chance. Demorou meia hora até que os juízes retornassem. "Não são admitidos os últimos embargos", disse. Indeferidos, todos. Sem recursos. "Mas vista a carta da rainha nossa senhora, comuta-se aos réus, exceto Tiradentes, a pena de morte em degredo perpétuo para os lugares da África".

"Nas multiplicadas vezes que fui à presença dos ministros", disse o alferes a seu confessor, "sempre lhes pedi que fizessem de mim só a vítima da lei".

Tomás Antônio Gonzaga chegou a Moçambique em 30 de julho de 1792. Foi hospedado pelo ouvidor local e, ainda aquele ano, já tinha emprego no governo como promotor do juízo de defuntos e ausentes. Em maio do ano seguinte, casou-se com Juliana de Sousa Mascarenhas, filha de um comerciante rico. Tiveram dois filhos. Quando morreu, em 16 de fevereiro de 1810, tinha 65 anos e a capital do Império havia se deslocado para o Rio de Janeiro. Era um dos homens mais importantes da burocracia portuguesa na colônia.

Inácio José de Alvarenga Peixoto chegou a Luanda em julho de 1792, onde foi preso. Transferido para uma prisão no interior, morreu de malária, deprimido, no dia 27 de agosto. Sua mulher, a bela Bárbara Eliodora, não casou, mas passou a viver com o compadre contratador João Rodrigues de Macedo, que falia lentamente. A filha que teve com Alvarenga morreu aos dezoito anos, após uma queda de cavalo. Bárbara morreu em 1819, segundo muitos enlouquecida, mesmo ano em que também morreu José Eleutério, o bebê que teve por padrinho Macedo. João Damasceno, afiliado de Gonzaga, um professor de latim empobrecido, teve no final da vida uma pensão paga por ordem de d. Pedro II.

João Rodrigues de Macedo jamais foi mencionado nos autos, mas a Fazenda Real sequestrou todos os seus bens por conta das dívidas que tinha. Sobrou uma fazenda, que havia transferido para o nome de Bárbara Eliodora. Morreu aos 67 anos, em 8 de outubro de 1807.

Francisco de Paula Freire de Andrade, tenente-coronel dos Dragões, chegou ao presídio da Fortaleza de Pedras de Ancoche em 9 de outubro de 1792. Lá, foi designado alferes, humilhação para um alto-oficial. Morreu em Luanda em 13 de dezembro de 1808. Seu filho Gomes, que tinha um ano quando o pai foi preso e não o conheceu, foi feito barão de Itabira por d. Pedro II. Sua filha, Francisca, casou-se com o conselheiro Herculano Ferreira Pena, deputado, senador e governador da Província de Minas Gerais.

Carlos Correia de Toledo e Melo, vigário de São José del-Rei, foi preso na Fortaleza de São Julião da Barra, em Lisboa, por quatro anos, junto aos outros quatro padres condenados. Foi transferido para a clausura do Convento de São Francisco da Cidade em 1796, e lá morreu, em 1803, aos 72 anos.

José da Silva e Oliveira Rolim, como os outros clérigos, foi preso na Fortaleza de São João e, depois, transferido para o Convento de São Bento da Saúde, onde conviveu com o poeta maldito Manoel Maria Barbosa du Bocage. Retornou ao Brasil em 1804 e, após a independência, recebeu de volta parte de seus bens. Viveu em Diamantina, com a mulher Quitéria Rita e os filhos. Durante o governo de d. Pedro I, ganhou indenização. Morreu aos 88 anos, em 1835.

Luís Vieira da Silva, cônego de Mariana, também passou pela Fortaleza de São João e pelo Convento de São Francisco. Em 1804, foi liberado para retornar ao Brasil. Morreu aos setenta anos, em 1805, em Angra dos Reis ou Paraty.

José Álvares Maciel chegou a Luanda em 20 de julho de 1792 e, de lá, foi levado ao interior. Durante anos, foi vendedor de tecidos. Em 1799, recebeu de um governador a incumbência de investigar os recursos minerais do país. Sua vocação. Montou uma pequena fábrica de ferro fundido em meio a inúmeras dificuldades. Morreu doente, em 1804 ou 1805. Em 21 de abril de 1955, uma siderúrgica foi fundada no lugar em que descobrira minas. O governo mineiro batizou seu primeiro forno de "Álvares Maciel".

José Aires Gomes, o mais rico fazendeiro de Minas, chegou ao interior de Moçambique em 31 de julho de 1792. Estava acompanhado de Salvador Carvalho do Amaral Gurgel, o jovem que um dia pediu para comprar de Tiradentes seu dicionário de francês. Gomes morreu aos 62 anos, em 1796. Salvador foi apadrinhado por Gonzaga, por intermédio de quem conseguiu emprego como médico da tropa. Estava ao lado do poeta quando ele morreu. Morreu, ele próprio, em 1813, aos 51 anos.

Domingos de Abreu Vieira, o velho contratador compadre de Tiradentes, chegou a Luanda em 11 de setembro de 1792. Morreu menos de um mês depois, no presídio de Muxima. Tinha 68 anos. Estava acompanhado de um escravo, Nicolau, de 38 anos. Não ficou registro histórico de seu destino, mas seu nome é sempre listado entre o dos inconfidentes.

Joaquim Silvério dos Reis Montenegro Leira Guites sofreu um atentado anônimo, a bala, em junho de 1790, no Rio de Janeiro. Em Minas, na porta de sua casa, um homem levou coronhadas na cabeça à noite quando se vestia com uma roupa parecida com a do contratador. Tentaram incendiar sua casa. Era xingado nas ruas. Mudou-se para Lisboa em 1794, onde ganhou uma pensão do governo. No mesmo ano, o príncipe regente d. João lhe perdoou a dívida. Retornou para o Brasil acompanhando a corte, em 1808, e fixou residência no Maranhão. Morreu em 1819.

José Bonifácio de Andrada e Silva, um dos mais diletos alunos de Domenico Vandelli em Coimbra, seguiu carreira acadêmica na Europa. Tinha 56 anos quando retornou ao Brasil, em 1819. Foi um dos articuladores da independência brasileira.

E fez, muito provavelmente, parte do grupo de doze estudantes brasileiros que, um dia, fizeram juntos um pacto pela independência.

EPÍLOGO

A Inconfidência gerou inúmeros mitos. Em 21 de abril de 1792, um homem grisalho, barbeado, generoso, corajoso, apaixonado, inconsequente, ególatra, beberrão, verborrágico e ressentido, subiu derrotado os mais de vinte degraus até a forca e pediu três vezes ao carrasco que fosse breve. Tinha os olhos fixos num crucifixo. É quase possível imaginá-lo lá, enquanto inúmeras sensações, ideias e receios cruzavam seu corpo e sua mente. Um desespero que dá vontade de explodir fisicamente perante o terror da morte iminente e, ao mesmo tempo, a consciência de que explosão não adianta, de que o choro não basta, de que nada evitará o fim. Surge a vontade de que tudo termine e uma ânsia de continuar vivendo. A tentativa de se livrar de todas aquelas sensações se concentrando na cruz, na reza, em qualquer coisa. Uma multidão em volta e centenas de rostos, cada um transmitindo uma emoção diferente. Cores e barulhos estavam por toda parte; no entanto, ele estava alheio, perdido, ensimesmado, num estado profundo de sofrimento.

Nos mais de dois séculos desde então, aquele homem foi transformado na figura de barba espessa e olhar altivo perante a forca, no quadro de Aurélio Figueiredo, o irmão caçula de Pedro Américo. Ou então, barbeado e elegantemente uniformizado, cabelos negros e vistosos, na imagem que cultivam os militares. O homem grisalho, encantado com a própria voz, perdido nos apaixonados discursos, "feio", "de olhar espantado", não está lá. Embora talvez esteja, em ambos os quadros, o homem corajoso e generoso. Tiradentes, dependendo de quem contou sua história, foi feito ícone cristão ou patriótico, militar dedicado, bastião nacionalista, inocente útil, vítima de gente poderosa. Nenhuma dessas descrições, porém, representa quem de fato foi o alferes Joaquim José da Silva Xavier.

Em meados do século XIX, a Inconfidência Mineira merecia pouco mais do que alguns parágrafos nos primeiros livros de história do Brasil independente. Balthazar da Silva Lisboa, que escreveu a primeira história sistemática do Rio de Janeiro, era um dos homens elegantes montados em vistosos cavalos que acompanharam a procissão que levou o alferes à forca. No entanto, não dedica uma única frase ao episódio em seu *Annaes do Rio de Janeiro*. Quando alguém decide a ordem dos capítulos no livro de história escolar e encaixa um inteiro sobre uma conspiração que não deu certo, isso por si já é uma mensagem: afirma que aquele momento é tão importante para o Brasil quanto a transferência da família real, a declaração de independência ou a da República. O que os livros de história dizem sobre a Inconfidência é igualmente importante, pois ali, misturado entre os fatos, está frequentemente um jogo de símbolos e de ideologias.

Quem conta a história da Inconfidência se vê obrigado a encarar algumas perguntas, e, na documentação oficial, a resposta não é clara para nenhuma delas. Algumas são grandes perguntas. Era só Minas que estava envolvida? Que tipo de nação imaginaram aqueles homens? A conspiração foi sólida ou apenas algumas conversas soltas entre amigos? Outras são perguntas mais específicas. Quem foram os líderes? Qual o envolvimento do visconde de Barbacena? Qual a real importância de Tiradentes? Por que só ele foi enforcado? E há ainda as perguntas menos relevantes, embora curiosas. Qual o real envolvimento da maçonaria?

Não é possível ter certeza a respeito de nenhuma dessas respostas, embora muitos livros façam parecer que são óbvias.

O primeiro a tentar revelar os significados da Inconfidência foi Joaquim Norberto de Souza e Silva, ministro da Fazenda de d. Pedro II. Norberto era uma típica figura literária do período Romântico. Poeta e historiador. De Sir Walter Scott a Vitor Hugo, passando pelo português Alexandre Herculano, são inúmeros os intelectuais do tempo que circulavam entre a literatura e o estudo da história. Seu

História da Conjuração Mineira é a primeira obra a mergulhar nos *Autos de devassa*, os documentos originais do julgamento. Ele era monarquista e, quando o livro saiu em 1873, já se falava muito em república no Brasil. Não foi, portanto, uma obra favorável. Mas, apesar dos diálogos típicos inventados, é um livro de leitura agradável e honesta. Curiosamente, embora sua intenção fosse fazer pouco de Tiradentes, que já se ensaiava como ícone republicano, o resultado final é um personagem mais parecido com o real do que muito da mitologia criada posterirormente.

Foi graças a um republicano, o historiador Alexandre José de Melo Morais Filho, que Norberto pode escrever seu livro. Melo Morais descobriu os originais dos *Autos de Devassa* largados dentro de um saco verde, no prédio do Arquivo Nacional. Era, até a década de 1860, uma história conhecida de forma mais ou menos genérica, sem qualquer detalhe. Naqueles papéis, a interminável série de depoimentos em juízo, protagonistas ganhavam voz. Suas próprias palavras. Os documentos saídos do saco verde foram publicados em pequena tiragem, que circulou durante o Império. E, assim, a fonte primária, ainda que restrita a poucas mãos, permitiu sua primeira narrativa.

Foi, porém, perdida até que, em 1936, o ministro da Cultura Gustavo Capanema e o historiador Augusto de Lima Júnior publicaram uma edição em três volumes com a bênção de Getúlio Vargas. O Estado Novo ainda estava para ser declarado, mas o valor da saga dos Inconfidentes como mito nacional, apenas ensaiado pelos republicanos do Império, começava a ganhar força. Dessa edição em três espessos volumes nasceram inúmeros livros a partir da década de 1940.

A terceira e última edição dos *Autos de Devassa da Inconfidência Mineira* foi publicada entre 1976 e 1982, editada por Tarquínio José Barbosa de Oliveira e Herculano Gomes Mathias, com patrocínio do governo do Estado de Minas Gerais e da Câmara dos Deputados. No total, dez volumes de aproximadamente trezentas páginas cada. É, provavelmente, a edição definitiva. Reúne não apenas os documentos referentes ao julgamento, ou devassa, mas também tudo o que historiadores descobriram desde então em outros tantos arquivos. A troca de correspondência entre o estudante carioca José Joaquim da Maia e Thomas Jefferson, por exemplo, assim como o relatório do futuro presidente americano para o Congresso; as cartas do visconde de Barbacena e do vice-rei; as ordens que o governador trazia de Lisboa.

Este livro, assim como inúmeros outros, não seria possível sem acesso a esse rico material.

Não é à toa que paramos para compreender a Inconfidência em momentos chaves de nossa história: na transição da Monarquia para a República, à beira do Estado Novo e na agoniada espera pela Nova República. Depositamos na Inconfidência os símbolos daquelas que consideramos nossas melhores características. Essa é a definição de um mito. Mitos são importantes em qualquer cultura — sugere como um povo se vê.

A história, infelizmente, nunca faz jus ao mito. Nela, os personagens jamais são realmente heróis.

O museu da Inconfidência, em Ouro Preto, funciona no prédio da prisão erguida pelo Fanfarrão Minésio. Nele há um grande salão discretamente iluminado onde estão depositadas as lápides e os corpos de alguns dos inconfidentes. Para quem mergulhou na história, é um lugar emocionante. É na antessala, porém, que mito e história entram em violento conflito. Há duas lápides: uma de Bárbara Eliodora e a outra de Maria Doroteia. À frente de cada lápide, num pano pendurado, estão versos. Em um deles, Alvarenga Peixoto fala de sua *Bárbara bela*. No outro, Gonzaga sonha com a Marília loura. E há três problemas aí: o primeiro é que o verso foi escrito para Anselma, não para Doroteia — não há qualquer polêmica histórica sobre a existência das duas. A narrativa oficial mineira é que insiste, sozinha, e contra a unanimidade dos historiadores, no mito de que Gonzaga só teve uma Marília; o segundo problema é que Gonzaga teve, no total, quatro filhos de três mulheres, nenhum deles com Doroteia. Na África, casou-se e morreu deixando viúva. A mulher de sua vida, se houve uma, ficou em Moçambique e separaram os restos mortais de ambos em prol de um ideal literário irreal.

O maior problema, no entanto, é outro. Eram três os poetas inconfidentes. Onde está, ainda que em uma lápide *in memoriam* como a de Tiradentes, o túmulo de Francisca

Arcângela de Sousa, que viveu décadas com Cláudio Manuel da Costa e dele ficou viúva? Não há sequer menção. Numa terra em que nem os padres eram castos, acharam por bem fingir que não havia mulher na vida de Cláudio. Francisca, afinal, era negra.

São poucos os textos realmente importantes para nossa compreensão dessa história. O primeiro persiste sendo o de Joaquim Norberto. Descontando-se o floreio dos diálogos, é a melhor narrativa dos fatos que constam nos Autos. Desde então, porém, sabemos incrivelmente mais sobre a Minas inconfidente. O segundo texto fundamental, e o mais importante, é do historiador britânico Kenneth Maxwell. *Conflicts and Conspiracies* ou, na edição brasileira, um nome melhor: *A devassa da devassa*. É incrível que, feito mito, foi necessário vir um historiador do Reino Unido para mostrar, já nos anos 1970, o quanto ainda havia para se descobrir sobre os inconfidentes de Minas. Em finais da década seguinte saiu *Inconfidência Mineira, uma síntese factual*, do mineiro Márcio Jardim. E, já no século XXI, *O manto de Penélope*, de João Pinto Furtado.

O grande historiador é aquele capaz de perceber, nos documentos frios, as tensões entre os homens e as pressões econômicas. Este é Kenneth Maxwell. Seu maior mérito não é o de descobrir documentos inéditos, mas, lendo os mesmos papéis que já haviam sido lidos por tantos, perceber o que não estava escrito embora estivesse dito. Foi ele quem mostrou, pela primeira vez, que havia três grupos de inconfidentes. Aqueles envolvidos diretamente no planejamento do golpe, os ideólogos que pensavam as possibilidades de uma nação independente e, por fim, os contratadores que tinham interesse direto na revolução. Este grupo final é importantíssimo.

Nos *Autos de devassa*, os conspiradores se mostram, constantemente, discutindo a Derrama, a cobrança generalizada do imposto devido pelo Quinto do ouro. Ela seria a faísca necessária que atiçaria o povo à revolução. Mas, desde o início, Portugal tratou a cobrança das imensas dívidas dos contratadores e a Derrama como questões separadas. Jamais haveria uma revolução, como não houve, por conta da falência de meia dúzia de homens muito ricos. Os contratadores eram os mais interessados na Inconfidência porque ela evitaria sua bancarrota. Dependiam, no entanto, de que fosse cobrada também a dívida de todo o povo. Quando não aconteceu, quebraram. Embora falassem muito da Derrama, o primeiro grupo a patrocinar os conspiradores era quem não estava nem aí para a Derrama. O que ninguém havia percebido antes.

Maxwell tem uma segunda qualidade: não só revela as tensões pessoais e econômicas, como também é empático. Não trata nenhum daqueles homens com desdém ou menosprezo. Tampouco trata a ânsia por liberdade como uma questão menor. Sim, havia nítidos interesses econômicos em jogo, mas não se tratava apenas de um grupo de homens lutando para não pagar suas dívidas. Muitos deles se revoltavam, legitimamente, contra o fato de que sustentavam uma nação longínqua sem ver grandes ganhos para a terra em que viviam.

O livro de Márcio Jardim é incrivelmente rico em informação. Nem antes e nem depois dele jamais alguém tentou agrupar tanto em um único volume. Está lá um resumo biográfico de cada inconfidente, o detalhado plano da revolta conforme revelada nos *Autos*, assim como a estrutura de república que parecem ter esboçado. É, porém, um livro apaixonado — sempre um risco para historiadores.

Jardim tem seus favoritos: Gonzaga e Vieira da Silva. Segundo sua teoria, a Inconfidência foi um movimento maçônico. Bate aí, porém, no excesso de empatia, pois Gonzaga e Vieira da Silva são personagens adoráveis. Um é, de longe, o melhor dos três poetas. É claro que faz sentido agrupá-los em uma só geração, mas Gonzaga é muito superior a Cláudio, e Alvarenga Peixoto perde por léguas dos dois. Gonzaga é de uma fluidez ímpar. E Vieira da Silva era um intelectual carismático, bom de discurso. Um sonhador. O homem que melhor conhecia a história dos Estados Unidos no Brasil colonial. Tinha uma mente que se interessava por tudo. Quem não desejaria, para sua república, pais fundadores assim? Seriam nosso Jefferson e nosso Franklin. A liderança de ambos não é uma teoria despropositada ou inimaginável, mas, assim como a origem maçônica, os documentos conhecidos não entregam esses fatos. São possíveis, mas não temos como confirmar.

Por fim há João Pinto Furtado. Historiador metódico e rigoroso, que leva profundamente a sério o lema "desconfie de tudo, não acredite em nada". Furtado tem uma das qualidades de Maxwell, a de perceber padrões perdidos entre as linhas dos documentos. Foi quem percebeu, por exemplo, como as intenções dos juízes, naquele julgamento, se transformam ao longo dos três anos. Primeiro a ênfase no padre Rolim, bandido conhecido, suspeito de sempre, imaginando que o crime era só contrabando e sonegação. Depois, conforme avança a Revolução Francesa, surge para os portugueses a percepção de que aquele movimento talvez fosse a respeito de algo maior, o que faz encararem Tiradentes como o líder maior.

O que Maxwell contribuiu ao revelar as intenções dos inconfidentes, Furtado o fez para a dos juízes. Parece menos relevante, não é. Pois a narrativa que temos da Inconfidência foi aquela organizada e estruturada pelos juízes. Nós a vemos como eles a viram porque são os seus documentos que conhecemos. Entender sua mente nos permite desenvolver filtros melhores para mergulhar, novamente, naqueles dez volumes que ainda têm muito por revelar.

Mas o cinismo de Furtado talvez seja exacerbado. Vê a Inconfidência como um movimento iminentemente regional. Recusa-se a sequer considerar a possibilidade de que algum movimento similar estivesse ocorrendo no Rio de Janeiro, quanto mais em São Paulo. É mesmo um dilema dos historiadores: quando se permitir levar demais pela imaginação das possibilidades críveis, como é o caso de Jardim, e quando bloqueá-las de todo, como o faz Furtado. Esse limite tênue pelo qual ambos transitam é o constante dilema de quem estuda o movimento mineiro porque, por mais tentadores que sejam os *Autos*, eles não se revelam assim tão fácil. É preciso interpretar e, onde há interpretação, está lá a possibilidade do erro.

Os trabalhos de Kenneth Maxwell, Márcio Jardim e João Pinto Furtado foram, junto aos *Autos de devassa*, leituras fundamentais para que este livro nascesse, mas não os únicos. Para compreender a Inconfidência e a Minas setecentista foi necessário entrar no universo de outros cinco historiadores. Eduardo Frieiro escreveu dois pequenos livros fundamentais, incrivelmente bem-escritos: *Como era Gonzaga?* e *O Diabo na livraria do cônego*. O primeiro é um curto ensaio sobre a aparência física do poeta mineiro e, o segundo, sobre os interesses literários de Vieira da Silva.

A ele se junta um dos editores da última edição dos *Autos*, Tarquínio de Oliveira. Seu *Cartas chilenas, as fontes textuais* é muito mais do que apenas uma interpretação dos poemas debochados de Gonzaga. É uma leitura histórica, uma minuciosa revelação dos personagens retratados, uma cuidadosa comparação do que está narrado de forma metafórica nas sátiras com a geografia, os personagens e os fatos. Repentinamente, Tarquínio revela o quanto aqueles poemas são narrações minuciosas e descritivas do que ocorreu em Vila Rica. Está tudo no texto, mas ninguém o havia revelado antes com tantos detalhes.

Juntam-se aos dois um trio contemporâneo: Laura de Mello e Souza, Luciano Figueiredo e Luiz Carlos Villalta. Os dois primeiros, em inúmeros livros e artigos, revelam a Minas setecentista em todas suas pequenas crueldades, grandes tragédias e inúmeros encantos. O papel da religião, a complexa relação com escravos e as dependências econômicas, a questão do abandono de crianças, as relações entre homens e mulheres, o amor e o casamento, não há pedra que os dois não tenham revirado para revelar aquela sociedade. Laura, que é filha do grande sociólogo e crítico literário Antônio Candido, é autora ainda da delicada biografia *Cláudio Manuel da Costa*. Aos dois, junta-se Villalta, um historiador capaz de pegar o discurso oral nos *Autos* e mostrar suas origens, revelar quem leu o quê, como que ideias vindas de livros distintos compuseram a ideologia e o discurso dos conspiradores.

Esses não são os únicos historiadores a quem devo muito. Há inúmeros detalhes que vieram das descobertas de outros, tudo devidamente documentado nas notas, mas esses foram fundamentais para ir além dos detalhes e compreender o universo inconfidente.

E as dúvidas que a Inconfidência deixa persistem. Tenho as minhas respostas, não são necessariamente as corretas, apenas intuição.

A mim não restam dúvidas de que a independência era seriamente discutida no Rio de Janeiro. As relações entre homens de negócio cariocas e homens de negócio mineiros existiam. Macedo começou a carreira de negociante no Rio, onde tinha família, e de lá foi para Minas.

Um comerciante carioca hospedou José Álvares Maciel após sua volta do reino. José Joaquim da Maia disse a Thomas Jefferson que representava "comerciantes cariocas". Tiradentes passou um ano e meio no Rio tratando de negócios. Simão Pires Sardinha, o primogênito de Chica da Silva, entrou em contato com seu cunhado, o padre Rolim, durante sua prisão no claustro em Portugal. Vivia de negócios, no Rio, quando conviveu com Tiradentes e o avisou de que era seguido por espiões do vice-rei. Em um determinado momento, quando deixava Minas, o alferes disse que seus contatos sabiam o que fazia o vice-rei. Pois era verdade: sabiam mesmo. Não o livrou da prisão, mas sabiam. E, no Rio, gente importante ofereceu ajuda a um Tiradentes fugido. Por ingenuidade? Talvez. Mas os indícios de que havia intercâmbio de informação entre cariocas e mineiros sobre este assunto são incrivelmente fortes, vêm de várias fontes, embora jamais tragam detalhes.

Logo após a Inconfidência Mineira, houve uma devassa carioca, quando a Justiça partiu contra a Sociedade Literária do Rio de Janeiro, prendendo vários de seus líderes intelectuais. Nada foi descoberto, mas, aparentemente, o governo estava preocupado. Apenas cautelosos com qualquer instituição iluminista? Talvez.

Há um último detalhe que me parece definitivo, presente nas perguntas não feitas. Inúmeros dentre os depoentes citam os contatos que Tiradentes e Maciel teriam no Rio. Nenhum juiz pergunta a eles o que qualquer jornalista perguntaria de presto: quem eram? Se sua missão é desvendar uma conspiração, deve-se perguntar sobre todas as conversas que os envolvidos tiveram, com quem, quando. Ao evitar a pergunta óbvia, os juízes revelam que não queriam saber de fato. Ou, se souberam, escolheram omitir do relatório oficial, o que também diz um bocado. Prender meia elite mineira, por certo, bastava. Se partissem dali para prender meia elite carioca, quiçá meia elite paulista, terminariam por provocar o que tentavam evitar: a revolução. Ao punir com rigor meia elite de uma única capitania, por outro lado, conseguiram aquilo que precisavam: barrar um movimento independentista.

A segunda pergunta importante é se a revolução era solidamente planejada ou se não passava de algumas conversas entre literatos com pouco o que fazer. Nesse caso, acompanho a interpretação de Kenneth Maxwell, ou seja, ambos. Havia um grupo que realmente se articulou para fazer o levante: Alvarenga Peixoto, o padre Toledo e Tiradentes, os quais ficaram incrivelmente frustrados quando os outros esfriaram. Entre os outros estava o tenente-coronel Francisco de Paula, Maciel e Gonzaga. Quando a Derrama não veio, nitidamente os inconfidentes se dividiram em três. Os de Rio das Mortes quiseram arranjar um outro projeto de levante. Os de Vila Rica, ligados à estrutura do poder, acharam melhor acobertar as conversas. O terceiro grupo era dos contratadores, que seguiam com seu problema principal: como resolver suas dívidas. Silvério dos Reis, o primeiro a ser convocado a pagar, improvisou: fez a delação.

O projeto de levante era sólido, a coesão do grupo é que não. O desmanche desastrado da operação e a investigação que o sucedeu por certo fizeram morrer quaisquer planos, ainda não organizados o suficiente, no Rio ou talvez em São Paulo. O governo português não agiu com brutalidade à toa, inclusive contra gente nobre. Era para servir de exemplo, mesmo, e serviu.

Tiradentes era certamente um dos líderes do movimento, embora uma corrente tente diminuir seu papel. Junto com Francisco de Paula Freire de Andrade, seu comandante, o padre Toledo, Alvarenga Peixoto e Tomás Antônio Gonzaga. Fico com a impressão de que o cônego Vieira e Cláudio Manuel da Costa se divertiam intelectualmente com as possibilidades, mas não iam além. Nessa abordagem, minhas convicções são frágeis, assim como as a respeito do papel desempenhado pelo visconde de Barbacena. Acredito que ele ficou tentado a participar de uma revolução iluminista, mas, perante a falta de convicção de quem o seduzia, simplesmente optou por sair fora. Barbacena parece ingênuo politicamente. Seu tio, o vice-rei, percebeu imediatamente o risco de abafar um movimento desses. Era preciso esmagá-lo se Portugal tinha esperanças de manter controle sobre a colônia.

Talvez por ingenuidade, deixo essa história convencido de que Tiradentes foi o único réu que morreu na forca por sua própria culpa. Foi incapaz de ser discreto numa conspiração. Falou tanto sobre o levante e a tanta gente, foi um réu confesso convicto em boa parte do julgamento, que no fim não deixou ao governo português opção que não fazer dele o maior exemplo. Contudo, Tiradentes não era o mais pobre ou humilde dentre os inconfidentes. Muitos dos que sugerem que ele foi um bode expiatório fazem parecer que os outros receberam penas leves. Três morreram na cadeia. Dois morreram de sofrimento ao chegar no exílio. Com exceção de Gonzaga e dos padres, nenhum teve vida fácil no degredo nem mesmo o filho do conde de Bobadela, que, de comandante na província mais rica do Império, foi rebaixado a alferes em uma das colônias mais pobres. No ano da sua morte, 1807, teve negada a permissão para tornar à casa e se reencontrar com a família, e por isso não conheceu o filho caçula. Foram penas muito cruéis.

Há duas perguntas que sigo incapaz de responder. Que tipo de nação queriam aqueles homens? E qual o real envolvimento da maçonaria? Salvo novos documentos, permanecerão fatalmente perguntas sem resposta.

O Brasil foi feito independente por um homem que, posteriormente, virou rei português. A Inconfidência poderia ter acontecido. Quase aconteceu. Seja lá que país aqueles homens imaginavam, o Brasil nascido em 1789, após uma guerra de poucos anos, lentamente teria a missão de se organizar. Nasceria uma nação liberal no bom sentido da palavra: o das Revoluções Americana e Francesa. Uma nação nascida sob o mito de que a liberdade teve de ser conquistada no momento em que o Antigo Regime começava a ruir. Teríamos nossos pais fundadores, nossa constituição fundadora escrita por intelectuais de peso, nosso próprio debate entre homens do setecentismo forçados a encarar questões como escravidão, financiamento do Estado, representatividade política. Fariam escolhas que talvez, hoje, nos envergonhassem, mas seriam apenas suas.

Não é à toa que virou mito — a Inconfidência fascina pelo sonho do Brasil que poderia ter sido.

ANEXO: SENTENÇAS FINAIS

Líderes

Joaquim José da Silva Xavier: morte pela forca, cabeça extirpada e fincada numa haste em frente a sua casa, em Vila Rica, a qual deve ser demolida e o terreno, salgado. O resto do corpo dividido em quatro partes, pregadas em postos em Varginha, Cebolas e nas cidades de maior povoação da capitania de Minas. Réu, filhos e netos declarados infames. Bens confiscados para o fisco.

Francisco de Paula Freire de Andrade: morte pela forca, cabeça extirpada e fincada numa haste em frente a sua casa, em Vila Rica. Sua casa deve ser demolida e o terreno, salgado. Pena comutada para degredo perpétuo na Pedra de Ancoche, Angola. Réu, filhos e netos declarados infames. Bens confiscados para o fisco.

Padre Carlos Correia de Toledo: morte pela forca. Bens confiscados para o fisco. Sentença guardada em sigilo perpétuo.

Padre José da Silva e Oliveira Rolim: morte pela forca. Bens confiscados para o fisco. Sentença guardada em sigilo perpétuo.

José Álvares Maciel: morte pela forca, cabeça extirpada e fincada numa haste em frente a sua casa, em Vila Rica. Pena comutada para degredo perpétuo em Massangano, Angola. Réu, filhos e netos declarados infames. Bens confiscados para o fisco.

Domingos de Abreu Vieira: morte pela forca, cabeça extirpada e fincada numa haste em frente a sua casa, em Vila Rica. Pena comutada para degredo perpétuo em Angola. Réu, filhos e netos declarados infames. Bens confiscados para o fisco.

Inácio José de Alvarenga Peixoto: morte pela forca, cabeça extirpada e fincada numa haste no lugar mais público de São João del-Rei. Pena comutada para degredo perpétuo em Dande, Angola. Réu, filhos e netos declarados infames. Bens confiscados para o fisco.

Luís Vaz de Toledo Piza: morte pela forca, cabeça extirpada e fincada numa haste no lugar mais público de São José del-Rei. Pena comutada para degredo perpétuo em Cambambe, Angola. Réu, filhos e netos declarados infames. Bens confiscados para o fisco.

Francisco Antônio de Oliveira Lopes: morte pela forca, cabeça extirpada e fincada numa haste em frente a sua casa, em Ponta do Morro. Pena comutada para degredo perpétuo no Presídio de Machimba, Angola. Réu, filhos e netos declarados infames. Bens confiscados para o fisco.

Comparsas

Salvador Carvalho do Amaral Gurgel: morte por forca mais alta do que o comum. Pena comutada para degredo perpétuo em Catalã, Moçambique. Réu, filhos e netos declarados infames. Bens confiscados para o fisco.

José Resende Costa: morte por forca mais alta do que o comum. Pena comutada para degredo em Bissau por dez anos. Réu, filhos e netos declarados infames. Bens confiscados para o fisco.

José Resende Costa Filho: morte por forca mais alta do que o comum. Pena comutada para degredo em Cabo Verde por dez anos. Réu, filhos e netos declarados infames. Bens confiscados para o fisco.

Domingos Vidal Barbosa: morte por forca mais alta do que o comum. Pena comutada para degredo na ilha de São

Tiago por dez anos. Réu, filhos e netos declarados infames. Bens confiscados para o fisco.

Claúdio Manuel da Costa: morto no cárcere. Réu, filhos e netos declarados infames. Bens confiscados para o fisco.

Tomás Antônio Gonzaga: degredo por toda a vida para a Prisão das Pedras, em Angola. Pena de morte na forca caso retorne ao Brasil. Metade dos bens confiscados para o fisco.

Vicente Vieira da Mota: degredo por toda a vida para a Prisão de Angocha, em Angola. Pena de morte na forca caso retorne ao Brasil. Metade dos bens confiscados para o fisco.

José Aires Gomes: degredo por toda a vida para a Prisão da Embaqua, em Angola. Pena de morte na forca caso retorne ao Brasil. Metade dos bens confiscados para o fisco.

João da Costa Rodrigues: degredo por toda a vida para a Prisão do Novo Redondo, em Angola. Pena de morte na forca caso retorne ao Brasil. Metade dos bens confiscados para o fisco.

Antônio de Oliveira Lopes: degredo por toda a vida para a Prisão da Caconda, em Angola. Pena de morte na forca caso retorne ao Brasil. Metade dos bens confiscados para o fisco.

João Dias da Mota: degredo por dez anos em Benguela, Angola. Pena de morte na forca caso retorne ao Brasil. Um terço dos bens confiscados para o fisco.

Vitoriano Gonçalves Veloso: açoites pelas ruas, deve dar três voltas ao redor da forca, e degredo por toda a vida em Luanda, Angola. Pena de morte na forca caso retorne ao Brasil. Metade dos bens confiscados para o fisco.

Padre José Lopes de Oliveira: morte pela forca. Bens confiscados para o fisco. Sentença guardada em sigilo perpétuo.

Padre Luís Vieira da Silva: degredo por toda a vida para a ilha de S. Tomé. Bens confiscados para o fisco. Sentença guardada em sigilo perpétuo.

Padre Manuel Rodrigues da Costa: degredo por toda a vida para a ilha do Príncipe. Metade dos bens confiscados para o fisco. Sentença guardada em sigilo perpétuo.

REFERÊNCIAS BIBLIOGRÁFICAS

ALVES, Herinaldo Oliveira. *Traços biográficos do cônego Luís Vieira da Silva.*

ANASTASIA, Carla Maria Junho. *A revolta de 1736 no sertão do São Francisco.* Cadernos da Escola do Legislativo, Belo Horizonte, v. 2, n. 4, p. 161-75.

Autos de devassa da Inconfidência Mineira, vol. 1.

Autos de devassa da Inconfidência Mineira, vol. 2.

Autos de devassa da Inconfidência Mineira, vol. 3.

Autos de devassa da Inconfidência Mineira, vol. 5.

Autos de devassa da Inconfidência Mineira, vol. 6.

Autos de devassa da Inconfidência Mineira, vol. 8.

Autos de devassa da Inconfidência Mineira, vol. 9.

Autos de devassa da Inconfidência Mineira, vol. 10.

BANDEIRA, Manuel. *Guia de Ouro Preto.*

BARRETT, Timothy. *European Papermaking Techniques 1300-1800.*

BARROS, Zanon de Paula. *Inconfidência Mineira ou Fluminense?*

BERAN, Michael Knox. *Jefferson's Demons: Portrait of a Restless Mind*. New York: Free Press, 2003.

BOXER, Charles. *A idade de ouro do Brasil.*

BRETAS, Rodrigo José Ferreira. *Traços biográficos relativos ao finado Antônio Francisco Lisboa.*

CARRARA, Angelo Alves. *A administração dos contratos da capitania de Minas: o contratador João Rodrigues de Macedo, 1775-1807.*

CARVALHO, Igor Guedes. *A outra face dos feiticeiros.*

Catálogo da Biblioteca do Congresso.

CAVALCANTI, Nireu. *O Rio de Janeiro setecentista.*

COSTA, António Amorim da. *Domenico (Domingos) Vandelli (1730-1816).*

DANTAS, Júlio. *O amor em Portugal no século XVIII.*

ESPÍRITO SANTO, Cláudia Coimbra do. *Estratégias de sobrevivência nas minas setecentistas.*

FERREIRA, Arnaldo Amado. *A morte do inconfidente Cláudio Manuel da Costa, assassinato ou suicídio?*

FIGUEIREDO, Lucas. *Boa Ventura.*

FIGUEIREDO, Luciano. *O avesso da memória.*

FIGUEIREDO, Luciano; SOUSA, Ricardo Martins de. *Segredos de Mariana: pesquisando a inquisição mineira.*

FONSECA, Paulo Miguel. *O contratador João Rodrigues de Macedo: ações e transações através da prática epistolar no século XVIII.*

FRANCO, Sandra Aparecida Pires. *Tomás Antônio Gonzaga e sua história.*

FRIEIRO, Eduardo. *Como era Gonzaga?*

_____. *O Diabo na livraria do cônego.*

FURTADO, João Pinto. *O Manto de Penélope.*

FURTADO, Júnia Ferreira. *Sedução, heresia e rebelião nos trópicos: a biblioteca do naturalista José Vieira Couto.*

_____. *Um cartógrafo rebelde?: José Joaquim da Rocha e a cartografia de Minas Gerais.*

_____. *Barbeiros, cirurgiões e médicos na Minas colonial.*

_____. *Chica da Silva e o contratador dos diamantes.*

GAY, Peter. *The Enlightenment, the Rise of Modern Paganism.*

GONÇALVES, Adelto. *O inconfidente que virou santo: estudo biográfico sobre Salvador Carvalho do Amaral Gurgel.*

_____. *Gonzaga, um poeta do Iluminismo.*

GONZAGA, Tomás Antônio. *Cartas Chilenas.*

GRÜNEWALD, José Lino (Ed.). *Os poetas da Inconfidência.*

GUIMARÃES, Carlos Magno. *Capão do Lana: dos documentos à arqueologia.*

JARDIM, Márcio. *A Inconfidência Mineira: uma análise factual.*

JOSÉ, Oliam. *Tiradentes.*

LAVRADIO, marquês do. *Cartas do Rio de Janeiro, 1769-1776.*

LEITE, Aureliano. *A figura feminina da Inconfidência Mineira.*

MACEDO, Joaquim Manuel de. *Um passeio pela cidade do Rio de Janeiro.*

MATTOS, Rosa Augusta Aluizio de. *A gestão sustentável de recursos hídricos, o caso do controle das enchentes da bacia hidrográfica do rio Joana.*

MAWE, John. *Viagens pelo interior do brasil, particularmente nos distritos de ouro e diamantes daquele país.*

MAXWELL, Kenneth. *A devassa da devassa.*

_____. *Conjuração mineira: novos aspectos.*

MELLO E SOUZA, Laura de. *Cláudio Manuel da Costa.*

MENDES, Larissa Cardoso Fagundes. *Tomás Antônio Gonzaga e as práticas políticas e jurídicas do império português.*

NEPOMUCENO, Luís André. *A musa desnuda e o poeta tímido. O petrarquismo cortesão na arcádia mineira.*

OLIVEIRA, Tarquínio J.B. de. *As cartas chilenas, fontes textuais.*

PIMENTEL, Helen Ulhôa. *A ambiguidade da moral colonial: casamento, sexualidade, normas e transgressões.*

PRADO JR., Caio. *Formação do Brasil contemporâneo.*

RAE, John. *Life of Adam Smith.*

RESENDE, Maria Efigênia Lage de. *A disputa pela história.*

RIDLEY, Jasper Goodwin. *The Freemasons, a History of the World's Most Powerful Secret Society.*

RODRIGUES, André Figueiredo. *A fortuna dos inconfidentes.*

_____. *Os "extravios que tão continuados têm sido...": contrabando e práticas comerciais ilícitas nas atividades do contratador João Rodrigues de Macedo.*

_____. *Os sertões proibidos da Mantiqueira: desbravamento, ocupação da terra e as observações do governador dom Rodrigo José de Meneses.*

RODRIGUES, Vilmara Lúcia. *Escravidão e alforria nas Minas Gerais do século XVIII.*

SALES, Fritz Teixeira de. *Vila Rica do Pilar.*

SOARES, Mariza de Carvalho. *Mina, Angola e Guiné: nomes d'África no Rio de Janeiro Setecentista.*

SOUZA, Laura de Mello e. *Cláudio Manuel da Costa.*

SOUZA, Rafael de Freitas e. *O Tiradentes leitor.*

_____. *Norma e conflito, aspectos da história de minas no século XVIII.*

SOUZA E SILVA, Joaquim Norberto de. *História da conjuração mineira.*

STARLING, Heloísa Maria Murgel. *Visionários: a imaginação republicana nas Minas setecentistas.*

The Thomas Jefferson Encyclopedia.

TUNA, Gustavo Henrique. *Silva Alvarenga: Representante das Luzes na América portuguesa.*

VARNHAGEN, Francisco Adolfo. *História geral do Brasil.*

VASCONCELLOS, Sylvio de. *Vila Rica: formação e desenvolvimento.*

VENTURA, Roberto. *Leituras de Raynal e a ilustração na América Latina.*

VERMEERSCH, Paula Ferreira. *Dirceu de Marília: a interpretação da lírica de Gonzaga por Antônio Candido.*

VIEIRA FAZENDA, José. *Antiqualhas e memórias do Rio de Janeiro*, vol. 1.

VILLALTA, Luiz Carlos. *Reformismo ilustrado, censura e práticas de leitura: usos do livro na América portuguesa.*

_____. *Os clérigos e os livros nas Minas Gerais da segunda metade do séc. XVIII.*

WYNBRANDT, James. *The Excruciating History of Dentistry.*

Este livro foi impresso pela Cruzado, em 2023, para
a HarperCollins Brasil. O papel do miolo é pólen
natural 80g/m^2, e o da capa é cartão 250g/m^2.